동물 너머

동물 너머

—얽힘·고통·타자에 대한 열 개의 물음

전의령 지음

2022년 3월 4일 초판 1쇄 발행
2022년 10월 21일 초판 2쇄 발행

펴낸이 한철희 | 펴낸곳 돌베개 | 등록 1979년 8월 25일 제406-2003-000018호
주소 (10881) 경기도 파주시 회동길 77-20 (문발동)
전화 (031) 955-5020 | 팩스 (031) 955-5050
홈페이지 www.dolbegae.co.kr | 전자우편 book@dolbegae.co.kr
블로그 blog.naver.com/imdol79 | 페이스북 /dolbegae | 트위터 @Dolbegae79

편집 윤현아
표지디자인 안승호 | 본문디자인 이은정·이연경
마케팅 심찬식·고운성·한광재 | 제작·관리 윤국중·이수민·한누리
인쇄·제본 영신사

ISBN 979-11-91438-54-3 (03300)

• 이 저서는 2019년 대한민국 교육부와 한국연구재단의 지원을 받아 수행된 연구임(NRF-2019SIA5C2A02083616)

동물 너머

얽힘・고통・타자에 대한
열 개의 물음

돌베개

일러두기

- 맞춤법과 외래어 표기법은 국립국어원의 용례를 따랐다. 다만 국내에서 이미 굳어진 인명과 지명의 경우에는 익숙한 표기를 썼다.
- 단행본·정기간행물·신문에는 겹낫표(『 』)를, 소논문에는 홑낫표(「 」)를, 영화·애니메이션에는 홑화살괄호(〈 〉)를 표기했다.
- 인물의 원어는 문맥을 파악하는 데 도움이 된다고 판단한 경우 병기했다.
- 이 책에 실린 글들 중 일부는 『경향신문』에 2018년 2월부터 2019년 1월까지 '전의령의 동물이야기'라는 제목으로 썼던 12편의 글과 『인문잡지 한편 4호 동물』(민음사, 2021)에 실린 「"나만 없어, 반려동물"」 그리고 『월간미술』(2020. 11)에 실린 「'억압자 인간과 희생양 동물': 코로나19라는 새로운 위기를 읽는 낡은 상상력」을 수정·보완한 후 전면 재배치한 것이다.

차례

왜

'동물 너머'인가?

나는 동물권주의자가 아니다. 그럼에도 지난 몇 년간 나를 동물권주의자이거나 적어도 동물권 연구자일 것이라 넘겨짚는 상황을 수없이 경험해왔다. 동물권에 관한 강의·글·책을 부탁받거나, 분명히 다른 강의 제목을 보냈는데도 강의실 앞에 동물권 강의라는 소개가 붙어 있는 경우를 보기도 한다. 올해 참석했던 어느 학술행사에서도 사람들에게 동물권 연구자로 소개받았다. 어떤 이가 본인도 '비건 지향'이라며 반겨줬지만, 안타깝게도 나는 잡식 취향이다.

내가 받은 오해는 현재 한국에서 '동물'이라는 두 글자가 의미화되는 방식을 보여준다. 반려동물이 급증하면서 동물은 어느 때보다 큰 사회적 관심을 받고 있다. 그 관심의 성격과 방향은 이제 더 이상 새롭지 않은 '인간과 동물의 아름다운 공존'이라는 문구로 대표되며, 동물복지와 동물권에 대한 논의를 폭발시켰다. 특히 최근 몇 년간 동물은 마치 동물권·동물복지의 줄임말처럼 취급되며 후자와 관련된 윤리적 담론과 실천을 가리키는 기호가 된 듯하다.

하지만, 현실의 인간-동물 관계는 동물의 권리나 복지에 관한 담론만으로 충분히 포착하기 어렵다. 동물과 관계 맺는 방식에 관한 윤리적 성찰이 중요하지 않은 것은 아니나, 다양한 인간 집단이 '동물'로 총칭되는 다양한 비인간 집단과 얽혀 만들어지는 관계의 복잡성과 그 현실은 동물권의 상상력을 종종 넘어서기 때문이다. 동물권·동물복지 논의에서 '동물'이 보통 취약한 사회적 집단이자 연민의 대상으로 상정된다면, 현실에서 비인간 동물들의 존재 양식 그리고 인간 집단과 맺는 관계 방식은 그렇게 단일하지도 균질적이지도 않다. 한 예로, 에콰도르의 루나족 사람들에게 "동물-로서의-개"[1]는 생소한 개념이지만, 한국의 유기동물보호제도에서 실제로 보호되는 '동물'은 99%가 개이고, 내가 관련 현장에서 만난 대부분의 사람들은 개들을 '애들'이라 부른다.

　이 상황은 우리로 하여금 '동물'이 도대체 무엇인지 묻게 할 뿐 아니라 최근 한국에서 급성장한 동물권·동물복지 담론에서 정의하는 동물을 넘어서 사고를 확장할 것을 요구한다. 이 책은 이러한 문제의식에서 출발한다. 즉, 동물이 핵심 주제어인 책의 제목을 아이러니하게도 '동물 너머'로 지은 이유는 이 책에 등장하는 이야기에서 동물이 종종 동물권의 '동물'을 '넘어'서기도 하지만 동시에 관련 담론의 지형 '너머' 산적한 사회적 문제를 드러내고 이에 주목할 필요가 있다고 보기 때문이다. 그런 의미에서 '동물 너머'의 '너머'로 강조하고자 한 것은 어떤 거창한 윤리적 전환이라기보다는 시선의 이동이다. 동물과 관련해 우리의 시선이 집중돼 있었던 그곳 너머에 다른 많은 문제가 존재하며 이것들은 다른 방식의 질문과 사유를 요구한다.

따라서 '1 얽힘'에서는 동물권 담론과 근대 인간주의적 liberal humanist 도식을 넘어서 인간-동물 관계가 구체적으로 실재하는 방식을 탐구한다. 우리와 반려동물의 관계, 그 관계와 복잡하게 얽히는 반려문화, 도시 생태계 속 길고양이, 더 나아가 동물복지 현장의 관계맺음은 근대적 인간-동물, 주체(행위자)-객체(대상) 이분법뿐만 아니라 전통적으로 동물과 관계 있다고 상상되는 영역을 쉽게 벗어난다. 여기서 인간-동물 관계는 우리가 자본, 미디어 그리고 도시와 맺는 관계인 동시에 안락과 고통을 경험하고 중재하는 방식이기도 하다. 그런 의미에서 1부에서는 인간-동물 관계를 관계의 비선형성과 예측 불가능성을 부각시킬 수 있는 '얽힘'entanglement으로 재조명하고 그것이 가진 다양한 얼굴을 드러내보고자 한다.

'2 고통과 타자'에서는 역사적으로(즉 서구에서는 18세기 이후, 한국에서는 지난 20여 년간) 동물의 고통이 중요한 사회적·윤리적 문제가 되면서 구체적으로 어떤 움직임이 등장했는지 그리고 그 속에서 특정 사회 집단의 차이와 타자성이 어떻게 (재)구축됐는지 따라간다. 이는 앞서 언급했듯이 우리의 시선이 지배적으로 머물러 있는 동물보호·동물복지·동물권 담론이 어떤 역사적 맥락에서 출현했으며 어떤 사회적·정치적·윤리적 질문을 던지는지를 생각해보는 작업을 요구한다. 여기서 핵심은 인간-동물 관계가 결국 인간-인간 관계이기도 하다는 점, 특히 후자를 구성하는 것은 인간 집단 내부의 인종적·젠더적·계급적 차이와 불평등이라는 사실이다. 다시 말해 2부에서는 동물의 고통을 이야기하는 행위가 의도했든 의도하지 않았든 타자의 이질성을 언제나 끄집어내는 상황과 그 속에서 등장하는 긴장감을 다룬다.

지금까지 이야기한 맥락에서 '동물 너머'는 포스트휴머 니즘의 핵심 표어인 '인간 너머'('beyond the human' 혹은 'more-than-human')를 비판적으로 패러디한다. 포스트휴머 니즘 논의에서 '인간 너머'는 근대적 사고방식의 인간중심주 의를 비판하고 인간을 넘어서 비인간 존재로 시선을 확장하는 것을 의미한다. 포스트휴머니즘의 비인간 동물 논의와 동물권 담론에서의 동물 논의 사이에는 이론적 간극이 분명히 존재하 지만, 인간-비인간 관계를 새롭게 바라보려는 전자의 논의에 서 인간 집단 내부의 차이와 불평등이 의도하지 않게 비가시 화되는 경향[2]이 후자에서 '인간'이 단일하게 처리되는 방식과 종종 만나기도 한다. 그런 의미에서 '동물 너머'는 '인간 너머' 의 담론과 동물권 담론이 어우러져 만들어내는 인간 얼굴의 단일화 그리고 비인간 동물에 대한 강조 속에서 가려지는 사 회적 문제들을 재발굴하는 작업이기도 하다.

이 책은 2018년부터 2019년까지 『경향신문』에 '전의령의 동물이야기'라는 제목으로 연재했던 글들에서 시작했다. 마감 이라는 시간 제한과 일간지라는 공간 제한으로 인해 잘 다듬

어지지 않거나 부분적으로만 발화된 논의들을 이후 보완하고 발전시키는 데 적지 않은 시간, 조사, 고민, 또 고민, 마주침, 대화들이 있었다. 그 과정에서 만난 이들 중 먼저 신문 연재를 제안해주신 최명애 선생님, 이 책 2부의 기반이 된 '말과 활' 아카데미 강의를 주선해주신 김보명 선생님, 강의에서 좋은 질문들로 자극해주신 조문영 선생님과 다른 참여자분들, 핫한 특강 시리즈를 기획해 매번 초대해주신 김화용 작가님, 나 홀로 책은 처음인 내가 책을 구체적으로 구상할 수 있게 도와주시고 교정 작업에 애써주신 윤현아 편집자님께 특별히 감사의 마음을 전한다. 마지막으로 매주 수요일 신문에 연재되던 내 글을 그토록 궁금해 하시고, 이 책을 누구보다 기다려오신 부모님과 내가 '동물'에 관심 갖게 한 일등공신이자 지금 이 순간에도 밥을 더 얻어먹기 위해 온갖 술수를 펼치고 있는 나의 잔망스러운 마마우에게도 깊은 애정과 고마움을 전한다.

2022년 2월
전의령

1

얽힘

1

반려동물과 아이

애 옷 대신 개 옷

2018년 1월 한 신문의 경제 섹션에 실린 기사에 따르면, 이제 한국은 "아이는 안 낳아도 개는 키우는 시대"로 들어섰으며 그 속에서 "애 옷 대신 개 옷"을 파는 새로운 시장이 형성되고 있다고 한다.[1] 반려동물을 키우는 인구가 천만 명을 넘어선 지 오래며 반려동물 시장 규모는 농림축산식품부 추산 2017년 2조 원 대에서 2018년 3조 원을 돌파할 것으로 예상했다. 동물 사료·반려동물 의류업뿐만 아니라 통신·가전업까지 반려동물 시장에 뛰어들고 있고, 기존의 영세·중소업체 중심에서 대기업 중심으로 판도가 바뀌는 중이다. 기사는 반려상품 시장이 급성장하는 상황을 매해 축소되는 유아용품 시장과 직접 대조하면서 저출산으로 타격을 입은 유아복 업체들이 이제 강아지 옷을 포함한 반려동물 사업에 진출하고 있음을 이야기한다. 아니나 다를까 기사에 첨부된 삽화에는 웃고 있는 강아지와 놀란 얼굴의 아기가 함께 담겼다.

이 기사에서 '반려동물'은 '아이'를 대체하고 있는 무엇으로 그려진다. 물론 반려동물을 키우는 많은 이들에게 '아이'로서의 반려동물이라는 정의는 그리 놀랍지 않다. 우리 주변의 많은 반려인이 스스로를 '엄마', '아빠' 또는 다른 친족적 호칭으로 부름으로써 반려동물과 유사 가족관계를 형성한다. 시간이 흐를수록 신체뿐만 아니라 여러 면에서 성장해 더 이상 돌봄을 필요로 하지 않는 '사람 아이'와 달리 시간이 지나도 늘 돌봄대상으로 머물러 있는 반려동물에게 '아이'라는 정체성은 두말할 것 없이 적절해 보인다. 하지만 정확히 말해 이 기사의 논지는 반려인과 반려동물 사이에 유사 '부모-자식' 관계가 형성된다는 것을 이야기하는 데 있지 않다. 그보다는 이른바 저출산 고령화로 정의되는 지금의 한국에서 반려동물이라는 새로운 존재가 사회문화적으로 또 경제적으로 신생아 인구를 대체하고 있음을 짚어내는 것이다.

'아이 대신 반려동물'이라는 프레임은 반려문화의 성장을 저출산, 소비문화의 발달, 유동 인구의 증가라는 맥락에서 접근하는 연구에서도 발견된다. 여기서 반려동물은 어린아이에 대한 감정적 대체물로서 '사람 아이'보다 금전이 덜 요구되며 양육이 쉬운, 그러면서도 감정적 보상을 제공해주는 존재로 간주된다. 하지만 '유연한 존재'나 '감정적 소비재'가 되는 바로 그 지점에서 반려동물이 쉽게 '탈가족화'된다는 점도 지적되는데,[2] 이는 한국에서 반려동물과 유기동물이 동시에 증가하는 현실과 공명한다. 반려동물과의 관계 또는 그 경험은 아이와의 관계 또는 그 경험과 비슷하면서도 여전히 다른 무엇으로 다가온다. 따라서 '아이 대신 반려동물'은 반려동물과의 관계를 종합적으로 진단한다기보다는 단면만을 포착한다.

지배와 애정의 조합물

지리학자 이푸 투안Yi-Fu Tuan은 자신의 저서 『지배와 애정: 펫 만들기』Dominance and Affection: The Making of Pets에서 다음과 같이 말한다.[3]

> 애정은 지배의 반대를 의미하지 않는다. 오히려, 그것은 부드러운 지배—즉, 인간의 얼굴을 한 지배일 뿐이다. 지배는 잔혹하며 착취로 이루어진 어떤 것, 그 안에 애착이라는 요소가 전혀 있어 보이지 않는다. (중략) 하지만 지배와 애정이 조합해 만들어내는 것이 바로 펫이다.

투안의 말은 애정·사랑을 지배·권력과 완전히 다른 영역으로 간주하는 우리 시대의 정서, 무엇보다도 펫을 애정과 사랑, 돌봄의 대상으로 한정시키는 상상력을 완전히 거스른다. 투안에게 펫은 '귀여운 강아지와 고양이'로 상상되는 반려동물을 넘어 식물, 동물 더 나아가 노예, 난장이 등의 인간 범주까지 포함한다. 예를 들어 18세기 영국에서 상층계급 여성들은 흑인 소년을 '이국적인 장식물'이나 '펫'으로 데리고 있었으며, 특별한 선물로 교환하기도 했다. 여기서 유추해볼 수 있는 것은 역사적으로 동물과 인간 사이의 위계뿐만 아니라 인간들 사이의 위계가 펫이라는 문화적 대상과 그 경험을 본질적으로 구성했다는 점이다. 즉 펫은 근대 서구에서 '자연'이나 '야생'을 상징했던(그렇기에 '열등한 것'으로 간주됐던) 인간 및 비인간 존재에 대한 지배와 통제라는 근대적 욕망의 산물이었다. 투안은 이 욕망을 동물 브리딩°과 훈련, 정원 가꾸기, 동물원의 등장 등에서 찾는다.

중요한 것은 이 지배와 통제가 본질적으로 애정, 즐거움, 유희라는 감정 및 상태와 구분되지 않고 복잡하게 엉켜 있다는 점이다. 여기서 애정은 지배를 부드러운 무엇, 받아들일 수 있는 무엇으로 변형시킨다. 그리고 펫의 모순은 단지 근대 서구라는 특정한 시대적·지리적·문화적 공간 안에 포박되지 않는다. 오히려 우리의 일상에서 펫의 경험은 모순으로 빼곡히 채워진다.

인류학자 카오루 후쿠다Kaoru Fukuda는 1990년대 영국의 시골에서 여전히 행해지던 야생동물 사냥을 잔인한 전통으로 간주하고 사라져야 할 악습으로 바라보는 도시민들이 점점 증가했다고 이야기한다.[4] 흥미로운 점은 이들에게 중성화수술, 미용, 브리딩 등 도시의 반려동물에게 일반적으로 가해지는 인위적 개입은 잔인함과는 거리가 먼 애정과 돌봄 행위로 여

°   서구에서 '순종'을 생산하기 위한 목적을 지닌 동물 브리딩은 18세기 영국에서 로버트 베이크웰경Sir Robert Bakewell에 의해 최초로 시도됐다. 그는 동계 교배inbreeding를 통해 한 종의 특징적 차이를 만들고, 선별적 교배를 통해 우수한 형질을 유지하려고 했다. 현재 우리에게 잘 알려진 개·고양이 품종은 대부분 19세기 유럽에서 개발된 것이다.

겨졌다는 것이다. 여기서 우리는 잔인함에 대한 정의가 얼마나 상대적일 수 있는지 알 수 있다. 야생동물의 사냥과 도시의 펫들에게 일상화된 신체적 개입 중 어느 것이 더 잔인하고 폭력적인지 또는 펫과의 관계에서 무엇이 애정의 소산이고 무엇이 지배욕의 소산인지 구분하기는 쉽지 않다.

라디카 고빈드라잔Radhika Govindrajan에 따르면, 인도 히말라야 지역에서 이어지는 동물 희생제에서 애정과 지배, 돌봄과 폭력, 희생과 죽임(처분) 사이의 차이는 분명하지 않다.⁵ 힌두교도가 다수를 차지하는 이 지역 사람들에게 염소를 신에게 바치는 행위는 공동체의 영속성을 담보하지만, 대부분 가정에서 염소는 동시대 다른 사회에서 볼 수 있는 반려동물이나 펫처럼 가족의 일원 또는 '어린아이'와 같은 자리를 차지한다. 염소는 가족이었다가 희생의 불가피성 속에서 처분 가능한 존재로 전유되고, 죽임을 당하는 것이 아니라 오히려 가족의 일원이기 때문에 희생대상으로 바쳐진다.ᵒᵒ 가족 내에서 염소를 돌보는 사람들은 성별 상관없이 염소에 대한 그들의 애정을 '맘타'mamta(엄마 사랑)로 표현하며, 염소는 맘타에 보답하기 위해 자신을 희생한다고 여겨진다. 공동체의 영속을 위해 소

ᵒᵒ   그런 의미에서 고빈드라잔의 논의는 공동체적 삶에서 소중한 것을 내어주고 공동체의 영속성을 보장받는 행위로서 희생을 정의하는 인류학적 전통 위에 서 있으며, 희생을 무의미하고 안타까운 죽음 정도로 정의하는 현대적 용법과 구분된다. 희생에 관한 더 자세한 논의는 이 책 9장 '퓨마의 죽음에 쏟아진 애도'를 참조하라.

중한 염소를 보내야만 하는 가족 구성원들은 애정·기특함·슬픔·죄책감 등이 섞인 모순된 감정에 휩싸이며, 여기서 인간-동물 얽힘은 애정 혹은 지배로 깔끔히 정의할 수 없는, 본질적으로 오염된 상태에 놓인다.

펫의 반전

하지만 펫의 경험 또는 인간-반려동물 관계를 일방적인 지배와 애정의 복합체로서만 이야기하기도 어렵다. 고빈드라잔은 앞서 언급한 인간과 염소 사이를 '종간 친족 관계'interspecies kinship라 명명하면서, 이 관계가 단순히 인간중심적 페티시즘이 아닌 사람들과 그 사람들을 홀리고, 연루시키고, 방해하기도 하는 동물들이 함께 구성해나가는 것임을 강조한다.

즉 펫 또는 반려동물과 함께하는 문화적 경험이 흥미로운 이유는 펫이 단순히 지배와 애정의 대상이나 인간의 의도와 감정의 효과로서만 머무르지 않는다는 데 있다. 이와 같은 펫의 '대반전'은 대중문화의 소재로 종종 등장한다. 몇 해 전 재미있게 본 〈마이펫의 이중생활〉2016이라는 영화가 있다. 주인공 맥스는 '주인'만 바라보고 사는 전형적인 반려견이다. 하지만 영화는 주인의 충실한 심복으로서만 살아가던 맥스가 우연한 계기로 뉴욕의 다른 펫과 만나고 급기야 지하세계에서 동물해방전선을 조직 중인 토끼 스노우볼과 조우하는 드라마틱한 여정을 그린다. 영화 속에서 관객의 웃음을 특히 자아내는 장면은 주인이 집에 있으면 사랑스러운 반려견·반려묘를 연기하던 펫이 주인이 외출하는 동시에 물건을 부수고 광란의 파티를 벌이면서 자유와 해방감을 만끽할 때다.

물론 영화는 극도로 의인화된 방식으로 펫을 그리지만, 여기서 핵심은 주인이 만들어낸 질서 속에서 순응하는 존재로만 머물러 있지 않는 펫의 '행위력'agency이다. 인류학과 여타 사회과학에서 행위력이라는 개념은 행위자actor가 행사하는 능력 또는 힘으로 간단히 정의할 수 있는데, 여기서 비인간은 오랫동안 행위자로 간주되지 않았다. 하지만 과학기술, 의료, 환경, 동물, 심지어 기업과 시장이라는 주제를 다루는 최근의 인문사회 연구는 비인간의 행위력을 진지하게 고려 대상으로 삼고 있으며, 이는 이성과 의도, 자율성을 전제로 하는 근대 인간주의적humanist 행위자·행위력 개념에 인식론적 전환을 요구한다.

〈마이펫의 이중생활〉에서 펫의 행위력은 물론 매우 의도적으로 그려지며 그렇기에 매우 비현실적으로 느껴지지만, 의도성이라는 요소만 제외하면 현실의 펫과 그리 다르지 않다.° 영화에서 펫이 어지른 집을 치우는 일은 오롯이 사람 주인의 몫이며, 이 상황은 현실에서도 마찬가지다. 이와 같이 펫의 반전, 즉 비인간의 행위력은 때로는 예측 불가능한 방식으로 인

° 물론 현실에서 비인간, 특히 비인간 동물은 종종 의도를 지닌 행위자가 되기도 한다. 고빈드라잔은 인도 히말라야 지역에서는 동물들도 그들만의 의지와 의도를 가진 행위자로 간주된다고 지적한다. 평야에서 고지대로 이주해온 원숭이들이 현지 주민들을 일부러 괴롭힌다고 여겨진다면, 숲속에서 살아가는 수컷 곰들은 인간 여자를 성적으로 욕망한다고 여겨진다. 그런 의미에서 동물은 인간과 마찬가지로 의도를 가진 '자아'self이자 인간 및 비인간 타자와 "함께 사는 세상에 있음"[6]을 인식하는 존재다.

간 행위자를 움직이게 할 뿐 아니라 그것의 대상으로 만들어 버린다. 펫은 종종 생각하지 못한 쪽으로 우리가 살아가는 삶의 양태를 바꿔놓는 것이다.

고양이를 키우는 사람들 사이에서 반은 우스갯소리로 반은 자조적으로 쓰이는 '집사'라는 말은 펫으로서의 고양이가 행사하는 구속력에 자발적이자 비자발적으로 예속되어버린 주인의 상태와 심리를 잘 포착한다. 내가 한동안 즐겨보던 〈사이먼의 고양이〉2008라는 애니메이션이 있다. 주로 사이먼과 그의 이름 없는 (하지만 주관이 강한!) 고양이가 일상에서 겪는 여러 가지 불협화음을 다룬다. 사이먼의 하루는 새벽부터 밥을 달라고 온갖 것을 동원해 사이먼을 깨워보려는 고양이와 이에 쉬이 응대하지 않고 계속 자려는 둘 사이의 힘겨루기로 시작한다. 사이먼의 고양이만큼이나 자기가 원하는 바를 반드시 관철하고야 마는 고양이와 살면서 십 년 넘게 매일 새벽 다섯 시 즈음에 일어나 밥을 챙겨야 하는 내게 주인공 사이먼은 웃픈 공감과 동지애의 대상이다.

'아이 대신 반려동물'이 의미하는 것

물론 펫의 행위력이 사람 주인의 행위력과 동일하고 대등한 방식으로 행사된다고 할 수는 없으며, 그렇기에 펫의 경험에서 본질적인 지배, 권력, 비대칭성의 요소는 여전히 남는다. 이는 2000년대 이후 한국에서 급등장한 '애완에서 반려로'가 절대적인 의미에서 권력과 지배의 요소를 제거하기보다는 그것을 특정 방식으로, 즉 '억압적' 지배에서 '부드러운' 지배로 경험하게 하는 담론이라는 점과 일맥상통한다. '애완에서 반려로'는 반려인에게 펫을 소유물이나 소비재가 아닌 가족과 같은 존재로 대하라는 윤리적 명령이지만, 이를 통해 인간과 비인간 사이에 본질적으로 존재하는 힘의 불균형을 완전히 지우기란 불가능하기 때문이다.

하지만, 동시에 '애완에서 반려로', '아이 대신 반려동물' 등과 같은 새로운 언표들 속에서 우리가 살아가는 방식이 재조직되고 새로운 니치마켓이 형성되기도 한다. 마트에서 이제는 뭔가 구시대적인 '애완'이라는 말이 점차 사라지고, 그 자리에 '반려'라는 새로운 코너가 훨씬 더 확장된 형태로 들어서게 된 상황이 대표적이다. 그렇다면 우리는 질문을 새롭게 제기해볼 필요가 있다. '애완에서 반려로'는 단지 펫을 대하는 방식의 변화를 요구하는 윤리적 명령일 뿐일까? 이는 반려용품 시장이 유아용품 시장을 앞지르고 있다는 식의 경제 담론을 견인하는 말이기도 하지 않은가? 다시 말해 펫과 우리의 관계를 재규정하는 동시에 그 관계를 매개하고 견인하는 시장을 창출하고 있지 않은가?

지배와 소유에서 애정, 친밀감, 돌봄을 강조하는 것은 펫과의 관계에서 이전에는 존재하지 않았던 새로운 책임을 만든다. 그리고 이 책임은 자본주의사회의 많은 것이 그렇듯, 관련 시장이 형성되는 일과 밀접히 맞물려 있다. 바로 이 맥락에서 '어떻게 사랑하고 어떻게 돌볼 것인가'는 윤리적 질문인 동시에 경제적 질문이 된다. 펫과 우리의 관계는 다른 무수한 관계와 마찬가지로 사회문화적·윤리적·의료기술적 실천인 만큼이나 경제적 실천인 것이다. 그 속에서 반려동물 천만 시대라는 진단은 그만큼 급성장한 반려동물 산업을 지시하며, 우리는 그것이 온라인과 오프라인의 일상에서 끊임없이 만들어내는 풍경과 일상적으로 마주한다. 그리고 여기서 반려동물은 정확히 말해 아이를 대체하고 있다기보다는 사람 아이와는 또 다른 관계와 감수성의 경제로 우리를 이끈다.

2

자본, 미디어
그리고 반려인의 마음

반려인의 자격

2008년 봄, 태어난 지 한 달여밖에 안 된 고양이 '마우'를 데려왔을 때 나는 막 한국에서 박사논문 집필을 위한 현장연구를 시작한 참이었다. 서울에 거처를 구하고 얼마 지나지 않아 어느 고양이 분양사이트의 입양 공고에서 마우를 보았고, 데려오기로 결정하는 데까지 며칠 걸리지 않았다. 부천에 살고 있던 마우의 주인은 가까운 지하철역까지 마우를 데려다줬고, 나는 마구 울어대는 이 새끼 고양이를 이동장 대신 준비해간 작은 캔버스 가방에 집어넣어 집까지 데려왔다. 그렇게 마우와 나의 동거가 시작됐다.

나는 스무여 알이 들어가는 사과상자에 모래를 부어 마우가 사용할 화장실을 만들고, 적당한 크기의 그릇에 사료와 물을 담아줬다. 이후 마우는 제대로 된 고양이 화장실을 갖고 동물병원에서 기본적인 예방접종과 중성화수술도 받았는데, 이것은 현장연구를 위해 받은 지원금으로 남은 1년 반을 버텨야 했던 대학원생으로서 당시 내가 마우에게 해줄 수 있는 최선이었다. 다행히 마우는 별탈 없이 건강한(조금은 비만인!) 고양이로 자랐고 지금까지 내 기쁨의 원천이다.

십수 년이 지난 지금 한국에서 이른바 반려문화는 폭발적으로 성장했다. 반려동물을 데려오기 전 많은 것을 기대하는 요즘의 상황에서 보면 다시 미국으로 돌아가야 하는 상황에서 마우를 입양하고 사과상자를 화장실로 내어준 나는 반려인으로서 자격이 없어 보인다. 최근 내 주변에는 유기견을 입양하고 싶지만 1인 가족이라 순위에서 항상 밀린다는 이야기, 구조된 고양이를 입양하려 했더니 집에 '방묘창'과 '방묘문'이 설치돼 있어야 한다는 조건에 고민된다는 이야기, 고양이를 입양하러 간 집에서 서약서까지 썼는데 이후 분양자의 느닷없는 방문에 놀랐다는 이야기가 들려온다. 급성장한 반려문화는 유기동물의 증가를 초래했고 이는 동시에 반려인의 자격과 반려환경을 검증할 사회적 필요성을 낳았다.

하지만 유기 문제만으로 현재 한국에서 부쩍 높아진 반려인과 반려환경에 대한 기대 수준을 설명하기는 어렵다. 반려인의 일상은 소셜미디어와 시장에 의해 복잡하게 매개되며, 그 속에서 반려인의 자격과 조건에 대한 사회적 기대도 점점 높아지고, '반려' 자체가 복잡한 사회문화적·경제적 담론이자 실천이 되고 있기 때문이다. 그렇다면 이제 '반려'를 '애완'을 대체하는 '피시'PC°한 용어나 인간과 펫-동물 간의 바람직한 관계를 위한 윤리적 명령에서 더 나아가 감정(애정, 친밀감, 돌봄 등)의 정치경제라는 측면에서 그려볼 필요가 있다. 미디어와 시장은 어떻게 감정을 창출하고 반려인의 자격을 저울질하는가? 그 속에서 '반려 주체성'은 어떻게 구성되는가?

°   '정치적으로 올바른'을 뜻하는 'Politically Correct'의 준말이다.

자본과 미디어가 매개하는 감정

'감정 자본주의'emotional capitalism를 제시한 바 있는 사회학자
에바 일루즈Eva Illouz는 근본적으로 경제와 감정은 분리하기
어렵다고 말한다.[1] 시장을 기반으로 만들어지는 다양한 문화
적 담론들은 자아와 타자 사이에 형성되는 감정을 구성하며,
이는 다시 경제 관계를 움직인다. 애초에 감정이 사회와 문화
이전에 존재하는 것이 아니라 문화적 의미와 사회적 관계 속
에서 구체적으로 만들어지고 촉발되는 것이기에 그렇다. 즉
감정은 자아와 타자 사이의 고도로 문화화·사회화된 관계 속
에서 일어나는데, 자본주의사회에서 시장은 이 관계를 지배적
으로 구성하며, 그렇게 형성된 우리의 감정화된 일상은 다시
경제적 관계를 가동시킨다.

　　감정의 차원에 초점을 둘 때 자본주의가 어떤 사회적 질
서 속에서 조직되는지 더 잘 이해할 수 있다고 본 일루즈는 기
업과 노사 관계, 자기계발 문화와 고통 내러티브, 인터넷 공간
에서의 자아형성을 분석한다. 그중 온라인 데이트는 이 시대
의 로맨틱한 관계가 시장과 경제라는 영역과 무관하거나 대립
하기보다 "시장 내부에서 구성"되고 있음을 잘 보여주는 사례
다.[2] 19세기 이후 등장한 낭만적 사랑이라는 관념이 즉흥성과
우연, 사심 없음과 몰아치는 열정 등으로 특징 지워진다면, 온
라인 데이트는 이와 반대로 합리화와 가치화, 이성과 효율성

을 기반으로 가동되며, 여기서 감정은 "평가되고 검토되고 논의되고 거래되고 계량화되고 상품화되는 사물"로 존재한다.[3]

일루즈의 논의가 후기자본주의하에서 감정을 창출·매개하는 자본과 시장의 구성력을 보여준다면, 로잘린드 길Rosalind Gill은 현대사회에서 만들어지는 다양한 유형의 친밀한 관계성이 미디어를 매개로 구성되는 현상을 '매개된 친밀감'mediated intimacy 개념을 통해 설명한다.[4] 예를 들어, 2000년대 영국사회를 살아가는 젊은 여성들의 이성애적 친밀감과 성적 관계는 종종 이들을 타겟으로 하는 여성지의 연애와 섹스에 관한 조언을 통해 조직된다. 여기서 친밀감과 감정은 목표·전략·계획을 설정하는 기업가 정신으로 접근해야 한다고 강조된다. 그리고 남자는 이른바 '남성학'men-ology을 통해 과학적으로 탐구되고 학습해야 할 대상이다. 그 결과 재구성되는 여성의 성적 주체성은 몸과 성관계(성적 습성)뿐만 아니라 근본적으로 자아의 변화를 수반한다. 즉 여성지라는 특정 장르를 통해 구성되는 연애와 섹스에 관한 담론은 단지 이성애규범성을 강화할 뿐 아니라 자아의 통치를 강조하는 신자유주의적 주체성의 생산과 밀접히 연결된다.°

°   이로 인해 강화되는 것은 포스트페미니즘적 인식이다. 젊은 여성에게 필요한 것은 자아의 단련과 계발을 통한 자기 권능화 및 자아실현이지 구조적 젠더 불평등과 이에 저항하는 여성들의 페미니즘적 연대가 아니라는 것이다.

"나만 없어 고양이"

위의 논의들은 우리가 갖는 감정뿐 아니라 우리가 타인과 맺는 관계가 자본과 미디어 이전에 존재한다는 가정을 여지없이 무너뜨리며, 한국에서 나타나는 반려문화의 폭발과 그것의 사회·문화·경제적 복잡성을 이해하는 데 도움을 준다. 언젠가부터 SNS에서 떠도는 "나만 없어 고양이"라는 유행어는 감정을 구성하는 미디어와 시장의 역할을 잘 보여주는 사례로, 반려동물이 없다는 자조감과 박탈감을 생산하는 동시에 귀여운 개·고양이를 소유하고 싶은 마음 그리고 관련 라이프스타일에 대한 소비자본주의적 욕망을 강화한다. 지금 한국에서 반려문화가 급성장하는 데 있어 미디어와 자본은 구체적으로 어떤 역할을 하고 있을까?

언젠가부터 텔레비전에서는 개·고양이의 문제적 행동을 교정하고 반려인과의 관계를 조정하거나 반려동물의 건강 상태를 체크하고 조언하는 프로그램이 연일 방송된다. 이 프로그램들은 수의학·동물행동학 관련 전문가의 말을 통해 반려인이 된다는 것이 무엇을 의미하고 무엇을 요구하는지 정의할 뿐 아니라, 반려자가 반려동물의 종별 특성을 학습하고 인지해 과학적이고 지식을 기반에 둔 반려생활을 영위하는 새로운 반려 주체로 재탄생하라고 요구한다. 텔레비전를 통해 전달되는 전문가적 지식과 정보는 다시 인터넷과 SNS를 기반으로 형성되는 반려동물 담론과 때로는 호응하고 때로는 경합하면서 복잡하게 확장된다. 동물 관련 전문가와 실제 반려인이 운영하는 블로그·유튜브·온라인 커뮤니티에서 생산되는 글·이미지·동영상·댓글·리뷰 등에서는 다양한 차원의 수의학적·동물행동학적 지식과 정보가 넘쳐나며, 텔레비전발 정보들과 맞물려 일상의 반려 담론과 실천을 구성한다.

이렇게 각종 미디어 테크놀로지를 통해 구성되는 반려 담론에서 반려인의 자세·마음가짐·관심도·애정·돌봄 방식 등은 매 순간 논의되고 평가되며, 그 속에서 반려인은 이전에 비해 놀랍도록 의료화·정보화·과학화된 반려시장의 소비자로서 호출된다. 인터넷과 SNS에 접속한 반려인은 타겟 광고 알고리즘이 제공하는 펫 관련 광고에 실시간 노출되는데, 점점 더 스마트해지는 반려산업에서 상품화되고 거래되는 것은 단순히 개·고양이 용품이라기보다는 반려인의 애정, 돌봄, 관심, 소망, 불안 등의 감정이다. 예를 들어 '자식보다 나은' 존재인데 어떻게 '사람이 못 먹는 밥'을 먹게 하느냐, '가족을 위한 밥이 그냥 밥은 아니다'라는 다그침은 이제 단지 반려동물 커뮤니티에 올라올 법한 댓글이 아니라 이른바 '100퍼센트 휴먼그레이드'를 강조하는 사료 광고에 등장하는 문안이다. 숙박업계가 앞다퉈 내놓고 있는 펫 동반 투숙 서비스는 반려동물을 혼자 두고 집을 비워야 하는 반려인의 불안을 공략하는 동시에 '반려동물과 함께하는 호캉스'라는 새로운 반려-라이프스타

일을 창출해낸다.

이렇듯 반려인의 주체성은 시장과 미디어라는 공간에서 실시간 창발하는 반려 담론 속에서 다면적으로 구성된다. 그리고 그 속에서 '애완동물'이 아닌 '자식' 또는 '아이'를 양육하는 돌봄 주체라는 사회문화적 측면과 반려상품 및 반려서비스의 소비 주체라는 경제적 측면은 복잡하게 얽힌다. 흡사 육아 커뮤니티와 별 차이가 없어 보이는 반려동물 커뮤니티에서는 종종 최상의 돌봄과 반려가 무엇인지를 둘러싸고 의견을 나누거나 미묘한 긴장 및 충돌이 일어나는 모습이 감지되는데, 이는 궁극적으로 반려인으로서 어떤 소비 주체가 될 것인지와 밀접히 연결된다. '반려묘의 건강을 위해 프리미엄 사료를 제공할 것인가, 생식을 제공할 것인가'부터 '반려견의 생일을 기념하기 위해 생일파티를 열어줄 것인가, 동물병원에서 건강검진을 받게 할 것인가'에 이르기까지 반려인이 갖는 애정과 관심은 종종 '무엇을 어떻게 소비할 것인가'라는 질문과 동시적이다.

그 결과 급성장한 반려문화는 급성장한 반려산업과 상호의존적이자 상호구성적으로 존재한다. 2020년에 보도된 한 뉴스에 따르면, 신용카드 결제액을 기준으로 분석한 결과 전년 대비 반려동물 미용 전문점은 1.5배, 용품 전문점은 1.2배, 호텔·유치원 등의 돌봄 업종은 2배, 장례업종은 1.9배 그리고 택시 업종은 무려 9.2배의 성장률을 보였고, 반려산업의 규모는 2025년에 이르면 5조 3,000억 원에 이를 것으로 예상했다.[5] 시장은 반려인의 성별·연령에 따라 주로 어느 상품과 서비스를 구매하고 이용하는지 분석하고 있으며, 반려산업 내부의 계층화 및 고급화도 이제 새로운 일이 아니다.[6]

개는 개

물론 나는 우리가 겪는 반려 경험이 모두 자본과 미디어를 통해 구성된다고 주장하려는 게 아니다. 다만 앞서 언급했듯이 한국에서 2000년대 초중반 이후 등장하기 시작한 '애완에서 반려로'라는 구호가 바람직한 반려 관계를 위한 윤리적 명령을 넘어 어떤 감정과 친밀감의 경제를 폭발시켰는지에 대해 이야기하고 싶을 뿐이다.

도나 해러웨이Donna Haraway는 "길들인 갯과 동물을 털북숭이 아이"로 만들고 그 속에서 인간 자신의 모습을 투사하는 우리의 문화적 노력과 관습에도 불구하고 "개는 개"라고 말한다.[7] 개들은 인간의 "투사 대상도, 의도를 구현한 물체도, 다른 무언가의 텔로스도 아니"라는 어찌 보면 너무 당연한 그녀의 지적은 자본에 완전히 포섭되지 않는 반려의 경험을 상기시킨다. 즉 반려의 일상은 자본과 미디어로부터 결코 자유롭지 않지만 동시에 변화무쌍하며 예측 불가능한 사건들로 가득 차 있기도 하다. 제아무리 '최고급 재료와 완벽한 영양 밸런스'를 자랑하는 프리미엄 자연식 사료라 해도 '우리 집 개'가 먹기를 거부하면 무용지물일 뿐이다. 근육량을 늘리고 지방을 줄인다는 '캣휠'을 앞에 두고 '우리 집 고양이'가 올라갈 기미를 전혀 보이지 않는다면 이것은 또다시 계획에 없던 인테리어 장식이 될 가능성이 농후하다. 반려동물 커뮤니티나 특정 반려용품을 파는 온라인 사이트의 후기 게시판에는 반려의 정치경제에 잡음을 일으키는 '우리 집 애'들의 이야기가 종종 올라온다.

그렇다면 애정과 양육, 안락과 고통에 관해 이 시대에 지배적으로 통용되는 반려 담론으로부터 온전히 자유롭지 않은 동시에 불확실한 상태로 열려 있는 것이 돌봄 제공자로서 반려인의 주체성과 반려 경험이 아닐까? 이는 반려 경험을 공동 구성하는 비인간 존재로서 반려동물이 본질적으로 자본과 무관하게 존재하기보다° 우리의 삶 자체가 자본에 의해 언제나 설명될 수는 없다는 점을 의미한다.

한 단톡방에 반려동물에 관한 글을 써야 하는데 무슨 내용으로 채워야 할지 고민이라고 올렸다. 그러자 반려인이 아닌 한 지인은 반려견 놀이터, 동물 장묘시설 등의 조성을 둘러싸고 벌어진 사회적 갈등에 관한 기사의 링크를 보냈고, 다른 지인은 집에서 키우는 개 '또리'가 최근 새삼 예민해져서 자신이 샤워를 할라치면 "엄마가 물에 빠져 죽는다고" 문 앞에서 내내 울부짖는다는 소식을 전해줬다. 또리의 웃픈 상황에 빵 터져 킬킬대고 있는 내게 최근 고양이 집사가 된 '클라라 아빠'는 다

° 비인간 동물의 삶은 종종 자본에 포섭된 상태로 있다. 애초에 현대사회에서 동물이 축산동물·반려동물·실험동물·전시동물 등으로 나뉜다는 것 자체가 이를 증명한다. 자연과 비인간이 자본의 영역 바깥에 또는 그것과 전혀 상관없이 존재한다는 상상력은 사실상 근대적 자연/사회, 비인간/인간 이원론 안에서 가능해지지만,[8] 이는 현대 자본주의사회 속 인간-동물 관계의 현실을 이해하는 데 별로 도움이 되지 않는다.

음 주말에 열리는 펫페어에 같이 가지 않겠느냐고 물어왔다. 반려동물이라는 주제는 비반려인에게는 거리를 두고 사고 가능한 대상이지만 반려인에게는 종종 구체적 일상의 경험으로 미끄러지게 하는 무엇이다. 그리고 그 일상의 경험은 이렇게 두서없이 산만한 대화처럼 일어나며, 그 속에는 자본과 비자본이 어지럽게 교차한다.

3

인간과 동물이라는
이분법

보로로 수수께끼

박사과정에 있을 때 강의 조교를 했던 수업 중 '도덕의식: 인류학 개론'이 있었다. 은퇴까지 몇 년 남지 않은 노교수가 몇십 년 동안 맡아온 이 수업은 범상치 않은 제목답게 여러 면에서 여느 인류학 수업들과 달랐다. 학생들은 인류학자가 비서구문화에 대해 쓴 민족지들 대신 데카르트, 루소, 니체부터 프리모 레비, 필립 K. 딕 등의 글을 읽고 심신이원론과 보편적 도덕법칙으로 대표되는 근대 서구의 도덕의식과 비서구문화의 도덕의식을 비교해야 했다.

물론 학부생에게 이 수업은 결코 만만치 않았다. 아홉 명이나 되는 강의 조교들마저 각자 맡은 분반에 들어가기 전, 매번 교수의 연구실에서 만나 각자 얼마만큼 이해하고 알아들었는지 점검하는 시간을 가졌다. 하지만 신기하게도 이 수업은 언제나 400여 명에 이르는 수강생들로 붐볐다. 인기 비결은 아마도 사람 좋은 옆집 할아버지 같은 노교수의 수십 년간 갈고닦은 강의 내공과 수업의 대체 불가능성 때문이었으리라.

나는 어쩌다가 이 수업 조교를 세 번이나 맡았는데, 내용은 매 학기 조금씩 달라졌으나 시작은 언제나 브라질의 보로로 사람들에 관한 이야기였다. 보로로 사람들의 특이점은 그들의 삶에서 앵무새가 매우 중요한 존재이며, 심지어 그들 자신을 앵무새로 본다는 점이었다. 문제는 이 수수께끼 같은 말을 어떻게 받아들여야 할 것인가에 있었다. 근대적 사고에서 인간은 인간이고, 새는 새일 뿐 둘은 결코 같은 것일 수 없다. 그럼에도 보로로 사람들이 자신을 앵무새라고 한다면, 이는 두 가지로 해석 가능하다. 원시적 사고에 머물러 있거나, 은유적으로 말하는 것이거나. 어떤 인류학자들은 전자를 택할 것이고(19세기의 인류학자들), 또 어떤 인류학자들은 후자를 택할 것이다. 하지만 둘 모두 그리 만족할 만한 대답일 수 없다. 왜냐하면 전자의 경우 단지 '문명과 야만'이라는 부차적 (그리고 서구 중심주의적) 틀을 가져와 설명하려 할 뿐이고, 후자의 경우 왜 보로로 사람들이 애초에 그들은 '앵무새와 같다' 대신 '앵무새다'라고 하는지 여전히 설명할 수 없기 때문이다.

　여기서 수업은 문제의 초점을 보로로 사람들로부터 그들의 말을 수수께끼로밖에 경험할 수 없는 근대적 사고 그 자체로 옮겼다. 이제 우리의 질문은 '보로로 사람들의 수수께끼 같은 말을 어떻게 이해해야 하는 걸까?'가 아니라 '서구의 사고에서 사람이 새라는 말은 왜 그토록 받아들이기 힘들까?'가 됐다. 그리고 이 역설을 이해하기 위해 수업에서 제시된 단서들 중 가장 핵심적인 것이 '이원론'dualism이었다.

'결코 근대인인 적 없는 우리'와 '반려종'

수업은 보로로 수수께끼에서 데카르트의 심신이원론으로 이어졌다. 잘 알려져 있듯이 데카르트는 "나는 생각한다. 고로 존재한다"라는 명제로 유명한 계몽주의 사상가였다. 이 명제는 그의 『방법서설』의 중심을 이루는 내용으로, 여기서 그는 스스로 생각하고 있다는 사실만큼은 의심할 여지가 없으며 그렇기에 그 생각의 주체로서 자기 자신이 존재한다는 사실을 증명할 수 있다고 주장했다. 지금의 우리에게는 다소 뚱딴지같아 보이는 데카르트의 이 발견은 근대(성)의 시작이 된 계몽주의로 이끈 혁명적 사건이었다. 이때부터 사람들은 마음·정신과 몸·물질의 세계를 분리해 사고하기 시작했으며, 이로부터 생각하는 자아로서의 '주체'와 그만의 법칙에 따라 작동하는 '대상' 사이의 철저한 분리를 기반으로 하는 근대 과학이 탄생했다. 포스트모더니즘이 등장한 지 오래인 오늘날에도 사람들은 여전히 주관성과 객관성이라는 근대적 이분법에 많은 의미를 부여하곤 하는데, 이는 여전히 우리가 데카르트와 근대의 유산 속에서 살고 있음을 보여준다.

정신과 신체의 분리를 주장하는 심신이원론은 수많은 이분법들, 즉 주체/대상(객체), 주관성/객관성 이외에도 문화(사회)/자연, 인간/동물의 이분법으로 이어졌으며, 이는 인문사회와 자연과학의 분리를 바탕으로 하는 근대적 지식체계의 뼈대를 구성한다. 하지만 20세기 후반에 들어서면서 근대적 이분법은 다양한 방식으로 비판받았고 그중에서도 특히 과학과 과학자들을 연구해온 일군의 학자들은 우리가 살아가는 현실 자체가 근대적 범주로 설명할 수 없다고 이야기했다.

대표적으로 프랑스의 인류학자이자 과학기술학자인 브뤼노 라투르Bruno Latour는 심지어 우리가 '결코 근대인이었던 적이 없음'을 역설하기도 한다.[1] 정신/신체, 주체/객체, 사회/자연, 더 나아가 인간/동물 등의 구분은 해체해야 할 범주일 뿐 인간을 포함한 사물세계가 작동하는 방식을 제대로 설명해주지 않는다는 것이다. 이 주장에서 가장 특이할 만한 점은 근대적 사고 또는 종래의 사회과학 논의에서 보통 제외됐던 사물·인공물·동물·자연현상 등과 같은 비인간 존재를 세상을 함께 만들어가는 주요 행위자로 인식한다는 데 있다. 인간 행위자 너머 다른 행위자를 고려한다거나 근대 자유주의적 인간주의liberal humanism의 사유체계를 비판하고 넘어선다는 의미에서 이들의 논의는 포스트휴머니즘posthumanism 등으로 불리기도 한다.

해러웨이도 동물학·생물학·과학사·철학·인류학·페미니즘 등 다양한 분야를 종횡무진 가로지르면서 인간-동물 관계에 관해 근대 인간주의적 사고를 넘어선 관점을 제시해왔다. 해러웨이의 논의에서는 인간 대 동물이라는 구분뿐 아니라 인간, 동물이라는 범주 자체도 불확실한 것이 된다. 그는 대신 인간·사물·동물·식물·미생물·기계 등을 뚜렷이 구분되는 주체와 객체 또는 행위자와 대상이 아닌 끊임없는 상호작용 속에서 서로를 생성해나가는 '반려종'companion species으로 재명명하며, 인간이든 비인간이든 관계 이전에는 존재하지 않는다고 역설한다. 모든 반려종은 언제나 '-되기'의 과정 속에 있고, 이 과정은 동시에 '함께 -되기'인 것이다.[2]

해러웨이의 '반려종'이 의미하는 바는 얼핏 비슷해 보이는 '반려동물'companion animal과 비교했을 때 더욱 분명해진다. '애완동물' 대신 쓰이는 반려동물은 동물, 정확히는 펫으로서의 동물을 인간의 소유물이나 대상이 아닌 인간에 준하는 존재, 가족과 같은 존재로서 인정하고 대하자는 뜻을 포함한다. 하지만 반려동물이라는 개념은 여전히 인간/동물, 주체/대상이라는 근대적 범주와 이분법 자체를 해체하고 폐기하는 것과는 거리가 멀 뿐 아니라 펫 동물 너머로 확장되지도 않는다. 이와 달리 '반려종'은 근대적 사고를 넘어선 관계성과 얽힘을 포착하려 한다.

영리한 몸들

여기서 잠시 20세기 초 베를린 사람들을 놀라게 했던 '영리한 한스'Kluger Hans에 대해 이야기해보고자 한다. 아직 네 살밖에 안 됐던 한스는 간단한 수학 문제를 풀고 달력을 읽었으며 음악 선율을 구분할 줄 알았다. 더욱 놀라운 것은 한스가 사람이 아닌 말이었다는 사실이다. 1904년 9월 심리학자인 칼 스툼프Carl Stumpf 박사가 이끄는 조사단이 한스의 미스터리를 풀기 위해 베를린의 그리베노프가에 모였다. 이날 모인 열세 명의 전문가는 한스에게 여러 가지 문제를 냈으며, 한스는 열성을 다해 대부분의 문제에 답했다. 한스는 오른발굽을 내리치는 방식으로 정답을 맞혔고, 조사단은 이 과정에서 어떠한 속임수도 없었다는 점을 분명히 했다.

이때 나온 조사 내용은 이후 스툼프의 제자였던 오스카 풍그슈트Oskar Pfungst 박사에게 넘겨진다. 그리고 한스와 관련된 미스터리는 그에 의해 완전히 밝혀졌다고 회자된다. 풍그슈트는 한스가 사람과 동일한 방식으로 그 문제들을 '푼 것'은 아니고 질문자들로부터 전해진 시그널을 감지하는 능력이 탁월한 말이었다고 결론 내린다. 즉 질문자들은 그들 스스로도 인지하지 못한 상태에서 몸의 미세한 움직임을 만들어냈는데, 한스는 그 차이를 읽어낼 수 있었다는 것이다. 한스의 이야기는 이후 인간의 무의식적 행동이 동물에게 미치는 영향을 보여주는 사례가 됐다. 인간이 의도한 것도 아니고, 인지하지도 않은 몸의 시그널이 동물에게 감지된다는 풍그슈트의 발견은 그야말로 혁신이었다.

하지만 풍그슈트가 이와 같은 결론을 내린 지 백 년이 지난 후 벨기에의 철학자 뱅시안 데스프레Vinciane Despret는 풍그슈트의 프레임에 문제를 제기하며 또 다른 해석을 시도한다.[3] 데스프레는 풍그슈트의 연구에서 원인과 결과, 주체와 객체는 각각 인간과 동물로 고정되어 있다고 지적한다. 이 경우 한스의 미스터리는 인간이 동물에게 행사하는 영향력이라는 해석에 그치고 만다. 하지만 한스 또한 질문자들에게 몸의 미세한 시그널을 전달해 그들에게 영향력을 행사한 것은 아닐까? 질문자들이 자신도 모르게 그랬던 것처럼 말이다. 다시 말해 질문자들은 자신이 질문을 던지는 동안 한스가 어떤 시그널에 민감하게 반응하는지 '몸을 통해' 무의식적으로 학습했던 것은 아닐까? 따라서 한스의 미스터리가 가능할 수 있었던 이유는 질문과 답이 오가는 사이에 질문자들의 몸과 한스의 몸이 서로에게 영향을 주면서 상호학습한 결과가 아닐까?

데스프레는 이 질문들을 통해 주체와 객체, 주체성과 객체성을 재사고하며, 특히 이성이 아닌 '몸'의 역할을 재발견한다. 데카르트적 사고에서는 단순한 대상으로 머물러 있던 몸, 정확히 말해 인간과 비인간의 몸은 한스의 기적을 가능케 하는 협업의 핵심 행위자가 된다. '영리한 한스'의 이야기는 '영리한 몸들'의 이야기로 재명명될 수 있으며, 이는 원인과 결과, 마음과 몸, 주체와 대상이라는 이원론 속에서 온전히 포착될 수 없는 인간-동물의 관계를 보여준다.

이렇게 그 나름의 행위자로서 동물, 주체-대상을 넘어서는 인간-동물 관계성은 놀랍게도 주체(인간)와 대상(동물)을 철저하게 분리하고 객관성과 거리둠을 지식창출의 근본으로 삼는 과학 연구에서 쉽게 찾을 수 있다. 암컷 쥐가 자유롭게 돌아다닐 수 있는 넓은 우리를 설치해 짝짓기에 능동적인 수컷과 수동적인 암컷이라는 고정관념을 깨트린 마사 맥클린톡Matha McClintock의 연구, 22마리의 양에게 매일 23그릇의 밥을 제공함으로써 양들도 정치적 협상을 벌이는 존재임을 보여준 델마 로웰Thelma Rowell의 연구, 연구자와 연구 대상이 "서로에게 길들여지면서" 상호 이해를 구축한 동물행동학자 이렌느 페퍼버그Irene Pepperberg와 앵무새 알렉스Alex의 대화 등이 그 사례라고 할 수 있다.[4]

보로로 사람들이 뜻하는 것은

3년 전 봄 어느 이른 아침, 나는 갑작스레 찾아온 죽음과 마주했다. 여느 날과 같이 고양이들에게 아침밥을 주기 위해 잠이 덜 깬 상태에서 일어나 두 냥이의 이름을 불렀는데, 신나게 뛰어왔어야 할 '바동이'가 보이지 않았다. 안경이 없는 상태에서 베란다 쪽을 바라보니 가만히 누워 있는 하얀 물체가 어렴풋이 보였다. 이상한 기운에 휩싸여 베란다로 나갔는데 바동이가 힘없이 축 늘어져 있었고, 이미 심장이 멎은 후였다. 바로 그 전날 밤에도 봄내음이 잔잔히 깔린 거실과 베란다를 분주히 오가며 뛰어놀던 세 살도 안 된 냥이였다. 아직 온기가 남아 있는 바동이를 병원으로 데려가는 차 안에서 "바동이가 왜!"라며 연신 외쳤다.

바동이의 갑작스러운 죽음 이후 내 머릿속에 한동안 맴돌던 문장은 "당신이 다른 계획을 세우고 있는 동안 일어나는 것이 삶이다"였다. 이 말은 인류학자 레나토 로살도Renato Rosaldo가 아내이자 동료 인류학자였던 미셸 로살도Michelle Rosaldo를 필리핀에서의 현장연구 중 실족사로 잃은 후 들었던 일화에 등장한다. 이 일화에서도 아내의 갑작스러운 죽음을 맞은 한 남자는 이 문장을 냉장고에 붙여 놓고 되새긴다. 일상의 예측 가능성을 무너뜨리는 이 경험 때문에 나는 한동안 강한 불안감 속에서 살았다. 반려개의 갑작스런 죽음을 경험한 적이 있는 한 지인은 개가 떠난 후 '마치 식탁의 다리 하나가 없어진 느낌'이었다고 했다. 우리는 서로에게 의존하며 집합을 이루고, 그 집합이 무너질 때 그 자리에는 깊은 상실감이 강하게 스며든다.

철학자이자 심리학자였던 윌리엄 제임스William James는 "진짜로 존재하는 것은 만들어진 것들이 아니라 만들어지고 있는 것들"이라고 말한다.[5] 이 말을 곱씹어보면 결국 존재한다는 것은 근본적으로 불확실하게 열려 있는 경험이며, 그 속에서 우리는 다양한 인간·비인간 타자의 존재에 예속되어 있다. 하지만 마음/몸, 주체/객체, 인간/동물 같은 확연한 이분법 속에서 이 모든 존재와 관계의 어지러운 얽힘은 포착하기 어렵다. 자신을 앵무새라고 말하는 보로로 사람들을 이해하기 위해 많은 인류학자가 매달렸지만, 근대적 사고방식으로는 그들이 뜻하는 바가 "지금 여기에서 우리는 앵무새다"든 "죽은 후 우리는 앵무새가 된다"든 "우리는 보로로(사람)이면서 (동시에) 앵무새다"든 결국 그 어떤 것도 풀기 어려운 수수께끼로 머물고 만다.[6]

그로부터 1세기 정도 지난 후 인류학자 에두아르도 콘Eduardo Kohn은 에콰도르 저지대의 아빌라 마을에서 '루나runa 푸마puma',° 즉 수많은 '인간-재규어' 혹은 '재규어-인간'과 마

° 루나족에게 '루나'는 사람을, '푸마'는 포식자 또는 재규어를 뜻한다.

주한다.[7] 루나족 사람들에게 숲에서 만난 재규어에게 먹히지 않고 살아남았다는 것은 재규어에게 먹잇감으로 인식되지 않았음을 의미하는 동시에 동등한 포식자, 즉 재규어로 변신했음을 의미한다. "푸마의 시선을 되돌려줌으로써 푸마가 될 수 있다는 것"은 우리가 푸마를 포함한 다양한 인간·비인간과의 상호작용 속에서 여러 부류의 '자기'self가 됨을 뜻한다.[8] 뿐만 아니라 숲과 마을에 거주하는 다양한 비인간은 혼을 가졌으며 다른 존재와 활발히 소통하며 다양한 '자기'가 된다. 그렇기에 숲과 마을에는 '비인간 사람들'로 넘쳐나며, 이들과의 복잡한 상호작용 속에서 우리는 때로는 재규어이기도 때로는 개이기도 한 것이다.

이와 같이 관계 속의 다양한 '-되기'가 단지 보로로나 루나족 같은 아마존 사람들에게만 해당되는 것이 아니라 우리에게도 벌어지고 있음을 인식할 때, 우리는 그들을 '차이'라는 틀로밖에 접근하지 못했던 과거 인류학자들의 한계를 넘어선다.○○

○○ 콘은 초기 인류학에서 애니미즘을 이론화하는 작업이 사회진화론과 인종주의의 맥락 속에서 진행됐다고 이야기한다.[9] 즉 애니미즘은 원주민의 사고양식을 이해하기 위한 필수 요소인 동시에 그들과 서구인의 진화론적 차이 또는 원주민의 원시적 사고와 서구의 문명화된 사고 사이의 차이를 드러내는 핵심 요소였다. 이후 애니미즘은 비서구의 문화적 차이를 상징하면서 서구의 자연관을 비판하는 데 사용된다. 하지만 인간과 마찬가지로 비인간도 '표상한다'면 애니미즘은 비서구의 인식론적·문화적 차이로 축소될 수 없다. 그런 의미에서 "숲에 대해 원주민은 어떻게 생각하는가"라는 질문에서 "숲은 어떻게 생각하는가"라는 질문으로 이동한다는 것은 인류학이 인식론적 차원에서 존재론적 차원으로 전환했음을 의미한다.

49

아마존 사람들과 마찬가지로 우리도 종종 주변의 비인간들이 혼을 지닌다고 생각하지 않는가? 가장 가까이에서 우리와 깊이 상호작용하는 비인간인 개·고양이는 종종 '갯과 또는 고양잇과 사람'의 모습으로 다가오지 않는가? 그리고 그 속에서 우리도 때로는 '개-인간' 또는 '고양이-인간'이 되는 것을 경험하지 않는가?

바동이가 갑자기 떠났을 때, 가족 중 한 명이 건넨 "너 잘 되라고 먼저 간 거야"라는 말은 당시 내가 느낀 상실감을 달래기에는 역부족이었다. 하지만 지금 생각해보면 이 말만큼 죽은 고양이를 구체적 관계 속의 '자기'로 재기입하는 말도 없을 것 같다. 비인간의 죽음이 남겨진 이들을 위한 희생이라는 의미화 속에서 떠난 것은 '동물'이 아니라 '자기'가 아닐까? 그 속에서 우리와 반려동물의 실재적 얽힘은 반려동물을 사람 아이로 환원하는 반려 담론의 강박적 의인화와 영혼 없는 사물로 환원하는 데카르트적 비-자기화 사이의 어디쯤에서 창발하고 있는 것은 아닐까?

4

재건축 현장의
길고양이들

길고양이의 안전한 이주

예멘난민 이슈로 한창 뜨겁던 2018년 7월, 나는 서울시 강동구 둔촌동에서 마치 난민과 같이 삶의 터전을 갑자기 잃게 된 길고양이들을 돕는 사람들을 만났다. 1980년에 지어진 서울의 대표적 대단지 아파트인 둔촌 주공의 재건축이 현실화되고 주민이 모두 떠나자, 이들은 아파트에 여전히 남겨진 150여 마리의 길고양이들을 옆 동네로 안전하게 이주시키는 계획을 세우고 있었다.[1] 무려 5,900여 가구가 떠난 아파트는 이미 재건축 작업을 시작하기 위해 설치된 펜스로 둘러져 있는 상황이었다. 베어낸 고목들과 누군가 버리고 간 살림살이들이 여기저기 나뒹구는 수풀 속을 길고양이들이 삼삼오오 떼 지어 다니는 것이 보였다. 모임의 한 멤버는 다른 곳을 찾아 이사하거나 재건축 후 다시 돌아올 수 있는 '사람 주민들'과 달리 갈 곳이 불확실해 생존 위기에 직면하게 된 이곳 길고양이들의 상황을 '재난'으로 정의하곤 했다. 처음 이 말이 다소 생소하게 들렸던 나는 단지 내 많은 길고양이들이 십수 년간 아파트 주민들의 보살핌에 의존해왔다는 이야기를 들은 후에야 그 의미를 가늠할 수 있었다.

밥을 주고 돌봐주던 사람들이 떠난 후 완전히 철거되어 재건축·재개발이 예정된 공간에 여전히 살아가는 동물들의 이야기가 꾸준히 사회적 이슈로 등장하고 있다. 재개발이 검토되어 주민 상당수가 떠난 서울의 '마지막 달동네' 백사마을에 버려지고 남겨진 개들, 재개발은 아니지만 원전사고 이후 후쿠시마에 버려진 동물들이 대표 사례다. 전국적으로 재개발될 지역이 늘어나는 상황에서 '재개발과 동물복지'라는 문제는 앞으로 더욱 중요해질 전망이다. 하지만 동시에 재건축·재개발 속에서 구조돼야 하는 동물이라는 문제의식은 여전히 새롭다. 이는 분명 지금의 달라진 인간-동물 관계를 반영한다. 최근 십수 년간 한국의 길고양이가 경험한 사회적 대우 및 지위의 변화는 그 증거라고 할 수 있다. 그렇다면 길고양이는 어떻게 돌봄대상이 됐으며, 어떤 사회적 관심과 논의를 촉발시켜 왔는가? 더 나아가, 자본주의 속 도시 공간이 끊임없이 변화하는 가운데서 길고양이는 어떤 질문을 던지는가?

돌봄대상으로서 길고양이

많은 이들이 지금의 '길고양이'가 '도둑고양이'로 불리던 때를 여전히 생생히 기억할 것이다. '도둑고양이'라는 이름이 가리키듯이 이들은 도시의 뒷골목에 갑자기 나타나 행인을 놀라게 하거나 동네의 음식쓰레기를 훼손해 반갑지 않은, 도시 내 천덕꾸러기 같은 존재였다. 1990년대에 도둑고양이는 종종 끔찍한 도시 괴담의 주인공으로 등장한 것에서 알 수 있듯이 지금과 같은 가능한 한 '살려야 할 존재'로서 인식되지 않았다.

1992년의 한 신문기사는 서울 소재의 몇몇 대학에서 캠퍼스의 정취를 더해주던 다람쥐를 살리기 위해 그 천적인 고양이를 대대적으로 박멸하는 작전을 시행했다는 내용을 실었다.[2] 여기서 다람쥐를 위해 고양이를 제거한다는 상황은 현시점에서 상당히 낯설고 충격적으로 다가온다. 그로부터 20여 년이 지난 2013년에 쓰인 또 다른 신문기사를 보면 그 사이 한국사회에서 길고양이에 대한 시선이 많이 바뀌었음을 알 수 있다. 이 기사는 서울 강남의 어느 아파트 지하실에서 길고양이 십여 마리가 죽은 사건을 이야기하며 그 책임을 지하실 출입문을 봉쇄한 주민들에게 묻는다.[3] 1992년 기사에서 길고양이가 캠퍼스 미화 차원에서 제거해도 전혀 아무렇지 않은 존재였다면, 2013년 기사에서는 죽게 내버려졌다는 점에서 안타까운 존재이자 연민의 대상이다. 20여 년 동안 무엇이 달라졌기에 길고양이는 이렇게 다른 대상이 된 것일까?

고양이를 소재로 삼는 각종 대중문화 및 캐릭터 산업의 발달 속에서 고양이라는 동물은 요물이나 싫은 존재, 혐오나 퇴치의 대상이 아닌 점점 더 사랑스럽고 귀여운 존재로 변화해 왔다. 길고양이를 주인공으로 삼아 우후죽순 등장하는 만화·웹툰·동화·사진책 등에서 길고양이는 자신만의 서사를 가진 삶의 주체로 재조명된다. 무엇보다 가장 가시적으로 연결되는 것은 지난 20여 년간 급성장한 반려문화일 것이다. 언젠가부터 네 가구 중 하나 꼴로 존재한다는 반려동물의 급증과 관련된 라이프스타일의 등장, 이를 상호구성하는 반려산업과 동물 관련 텔레비전 프로그램의 급성장은 인간-동물 관계를 획기적으로 변화시켰다. 한국에서 근래 폭발적으로 등장한 반려문화는 인간-동물 관계를 지배적으로 돌봄과 보살핌의 관계로 재정의하며, 그 안에서 인간은 돌봄 제공자, 동물은 돌봄 대상이 된다. 인간과의 소유관계에서 자유로운 길고양이가 퇴치나 박멸 또는 무관심의 대상에서 돌봄과 보살핌의 대상으로 재등장하게 된 배경에는 분명 반려문화의 급성장 및 반려동물로서 고양이가 늘어났다는 점이 자리한다.

각종 미디어의 동물 프로그램과 동물보호단체의 캠페인에서 길고양이는 돌봄과 구조, 관리의 대상이며, 길고양이 학대 사건들은 뉴스에서 비중 있게 다뤄진다. 이와 함께 실제 길고양이에게 밥과 물을 챙겨주며 보살피는 일명 캣맘·캣대디는 전국의 어느 동네나 골목에서도 만날 수 있다. 이 같은 사회 분위기 아래 길고양이는 도시 공간을 관리하는 차원에서도 제거해야 할 존재가 아닌 적절히 관리해야 할 대상이 된다. 즉 행정적인 차원에서 도시를 돌보는 일에 이제 길고양이에 대한 돌봄도 포함되기 시작했으며, 이 맥락에서 지자체의 역할과 개입도 더욱 강화됐다. 실제로 많은 지자체에서 길고양이 중성화 사업을 벌이고, 길고양이 급식소를 운영하는 시민모임도 활발히 진행 중이다. 이러한 움직임은 길고양이를 돌보는 일이 비단 길고양이를 위한 일일 뿐 아니라 도시 공간의 위생과 안전, 주민들의 쾌적한 삶을 돕는 일임을 강조한다.

경합하는 돌봄 담론들

길고양이가 새로운 도시 문제로 부상하면서 고양이들을 돌보는 캣맘들과 캣맘의 활동에 반대하는 주민들 사이의 갈등이 종종 회자되기도 한다. 몇 해 전 인천에서 캣맘의 활동에 불만을 품어온 한 남성이 캣맘을 쓰레기통에 거꾸로 집어넣었다는 이야기, 용인의 어느 아파트 화단에서 길고양이 집을 만들고 있던 캣맘에게 벽돌이 날라왔다는 이야기 등은 극단적 갈등의 한 양상을 보여준다. 하지만 길고양이를 어떻게 돌볼 것인가를 두고 벌어지는 갈등은 그만큼 가시화되지 않는다.

예를 들어, 몇 해 전 서울시는 몇몇 동물단체와 다음 카카오의 기술적 협조를 받아 '길냥이를 부탁해'라는 온라인 커뮤니티를 운영하려고 했으나, 캣맘들의 반대에 부딪혀 이 서비스를 종료한 바 있다. 이때 불거진 것은 길고양이를 돌보는 방식을 둘러싼 상이한 입장간의 불화였다. 서울시와 단체들에게 온라인 커뮤니티의 활성화를 통해 시 전체 길고양이를 관리하는 일의 체계화가 우선시됐다면, 이를 반대하는 캣맘들은 온라인을 통해 길고양이의 가시성이 커지면서 개별 길고양이들에게 미칠 해악을 우려했던 것이다.[4]

어떻게 돌볼 것인가를 두고 벌어지는 이 같은 마찰은 종종 무엇이 더 나은 돌봄인지 도덕적으로 재단하는 상황으로 흐르기도 하는데, 이는 어쩌면 당연한 일일지도 모른다. 돌봄은 단순한 행위에 그치지 않고 돌봄의 목적 더 나아가 돌봄대상과 주체의 관계를 정의하는 방식에 따라 달라지는 윤리적 실천이기 때문이다. 하지만 서로 상이한 돌봄 담론 속에서 동물들은 실제로 매우 다른 처우에 놓이기도 한다.

크리티카 스리니바산Krithika Srinivasan은 영국과 인도의 동물관리에 관한 비교 연구를 수행하면서 두 나라에서 동물들, 특히 주인 없는 개들이 처한 상이한 현실에 대해 이야기한다.[5] 영국은 잘 알려진 바와 같이 동물보호운동과 동물복지가 발달했는데, 그렇기에 주인 없이 길거리를 배회하는 개들은 역설적인 상황에 처한다. 즉 특정 개인이나 집단이 소유하지 않은 개들은 동물복지 시스템하에서 자동적으로 유기동물로 정의되고, 주인을 못 찾거나 재입양되지 않는 경우 안락사 처리된다. 반면 영국만큼 복잡한 동물관리 시스템이 발달하지 않은 인도에서 길개들은 인간과의 소유 관계 안에서 반드시 정의될 필요가 없으며, 그렇기에 삶/죽음을 엄격히 통제하는 동물복지적 개입에서 자유롭지만 동시에 길거리에서 발생할 수 있는 다양한 종류의 해침에 노출되어 있다.

두 가지 상황은 인간사회가 동물을 어떻게 정의하고 접근하는지에 따라 동물이 처한 현실이 달라질 수 있음을 보여준다. 동물복지적 돌봄대상으로 존재하지만 바로 그 맥락 안에서 안락사되기도 하는 영국의 유기견들과 돌봄대상은 아니지만 바로 그 이유로 안락사되지 않아도 되는 인도의 길개들이 처한 현실 중 무엇이 더 나은지 비교하기란 쉽지 않다.

'하루살이 도시' 속 공동의 것

여기서 우리는 동물에 대한 돌봄 문제를 넘어 시야를 조금 더 확장할 필요가 있다. 둔촌 주공에 남겨진 길고양이들을 돌보기 위해 사람들을 모이게 한 더 큰 맥락은 바로 1990년대 이후 도시의 일상 풍경이 되어 버린 재개발·재건축이다. 둔촌 주공과 같은 대단지 아파트는 현대 한국의 경제성장과 도시화, 중산층의 형성 그리고 그들의 계급적 욕망을 상징적으로 재현하는 공간으로, 1970년대 강남에서 시작한 신도시 개발 속에서 서울 밖의 다른 지역으로 퍼져 나갔다. 하지만 1990년대 이후, 1970~1980년대에 지어진 수많은 대단지 아파트는 재건축됐거나 재건축 예정이며, 아직 남아 있던 비-아파트 주거지와 달동네마저도 꾸준히 재개발의 대상이 됐다. 프랑스의 지리학자 발레리 줄레조Valerie Gelezeau는 한국의 아파트가 서구와 구분되는 한국의 근대성과 사회구성, 계급형성과 자본축적 방식을 보여준다고 이야기하면서 일상화된 재개발·재건축이 서울을 오래 지속되기 힘든 "하루살이 도시"로 만든다고 지적한다.[6]

하지만 '아파트'라는 특정 유형의 부동산에 대한 집착과 열정은 지극히 한국적이라 할 수 있겠으나, 넓은 의미에서 하루살이 도시는 한국을 넘어 전 지구적 자본주의가 작동하는 방식 그 자체를 보여준다. 맑스주의 지리학자 데이비드 하비

David Harvey는 자본주의의 역사에서 도시화가 잉여생산·잉여자본·잉여노동에 대한 해결책과 과잉축적의 수단이 되어왔으며, 그 속에서 공유재의 사유화 및 탈취, 다수 민중의 소외가 심화됐다고 지적한다.[7] 즉 자본주의적 발전과 도시화는 근본적으로 떼려야 뗄 수 없는 관계인데, 이는 도시 공간이 자본에 의해 생산된 잉여생산물을 흡수하는 바로 그 장소이기 때문이다. 신자유주의 시대의 도시 재개발은 과잉자본이 흡수 및 축적되는 데 결정적 역할을 해왔으며, 글로벌한 규모로 확대되어 왔다. 얼굴을 끊임없이 뜯어고치는 도시는 자본의 투기적 움직임과 속도를 그대로 반영하며, 이는 하비가 "창조적 파괴"[08]라 부르는 것을 수반한다.

애나 칭Ana L. Tsing은 모든 종류의 인간 및 비인간 존재 또는 그 삶의 양식livelihoods으로부터 자본을 창출하는 자본주의가 마치 "번역 기계"translation machine와 같다고 말한다.[9] 온갖 종류의 물질 및 비물질을 가치화해 자본주의체제 안으로 최대한 포섭하는 행위는 새로운 의미와 존재(론)적 전환을 불가피하게 수반하는 번역인 것이다. 하지만 칭은 미국 오레곤의 숲들과 일본의 특산품 시장을 잇는 송이버섯 공급망supply chain을 천천히 따라가면서, 우리가 자본주의라고 상상하는 공간이

---

08   하비에 따르면, 도시의 재편 과정에서 다수를 차지하는 빈자와 힘없는 자들이 소외받고 고통받는 것을 의미한다.

전혀 균질적이지 않을 뿐더러 비자본주의적이라고 할 수 있는 얽힘들을 포함하고, 때로는 그들에 의해 지탱되고 있다고 이야기한다. 즉 오레곤의 숲들에서 송이버섯은 비자본주의적 방식으로 채집되고 획득되지만, 송이버섯이 밴쿠버·도쿄·고베 등의 무역시장에 이동했을 때는 자본주의적 축적의 대상이 된다.ºº 하지만 일본 내 특산품 시장에서 팔리고 누군가에게 특별한 선물로 증여될 때 송이버섯은 다시 자본주의적 관계망을 벗어난다. 칭에게 송이버섯의 이동과 그 과정에서 만들어지는 다양한 얽힘은 자본의 파괴적 창조력과 그것이 가속화하는 삶의 불안정 속에서도 공동의 생존이 어떻게 가능한지 보여주는 사례다.

여기서 우리는 하루살이 도시 서울에서 이제는 흔한 풍경이 돼버린, 재건축·재개발 지역에 남은 길고양이들이 던지는 질문에 대해 다시 생각해볼 필요가 있다. 누구의 것도 아닌 길고양이들, 사람 주민들이 떠나버린 공간을 여전히 활보하고 있는 이들은 무엇을 상징하고 상기시키는가? 길고양이들을 버려지고 남겨진 존재로 명명하고 연민의 대상으로 재현하면서 이들을 인간이 돌봐야 한다고 당연시하는 것을 넘어 우리는 어떤 장면에 주목할 수 있을까?

ºº   오레곤의 숲들에서 송이버섯을 채집하는 일은 자본주의적 소외노동이 아니라 다양한 의미의 자유를 쫓는 행위로서 의미화된다. 그러나 이렇게 채집된 송이버섯은 국제 무역시장으로 이동했을 때 자본주의적 축적의 대상으로 거래된다.

길고양이들은 누군가 이사 가다 버리고 간 살림살이들, 더 이상 손질되지 않아 무성하게 자라버린 풀들 사이를 여전히 누비고 다니면서 사람들로 하여금 이 공간을 다시 찾게 하고, 무언가를 기획하고 조직하게 해 곧 '무'가 될 이 공간에서 새로운 사회적 관계들을 만들어가게 할 뿐 아니라, 궁극적으로 공동의 것이 어떻게 가능한가라는 질문을 계속 던지게 하고 있지 않은가? 이들은 어쩌면 자본에 의한 창조적 파괴의 현장 속에서도 끈질기게 살아남아 새로운 삶과 관계들을 촉발하고 매개하는 송이버섯 같은 존재가 아닐까? 그럼으로써 곧 더 큰 이윤을 생산해낼 새 건축물들 사이로 여전히 그 흐름과 무관하거나 거스르는 또 다른 흐름을 사람들과 함께 공동구성해내고 있지 않을까?

5

고통은 전염된다

고통을 느끼는 존재

지금 우리에게 고통을 느끼는 존재로서의 동물이나 감정을 가진 존재로서의 동물이라는 관념은 더 이상 새롭지 않다. 가끔 미디어를 통해 외국의 어느 연구소에서 동물도 감정을 느낀다는 사실을 밝혀냈다는 내용의 뉴스를 접하면 당연한 것을 검증하기 위해 굳이 연구까지 할 필요가 있을까라는 생각마저 든다. 그러나 고통을 느끼는 존재라는 동물관이 등장한 지는 그리 오래되지 않았다.

데카르트는 동물이 이성과 정신의 작용이 부재한 생물학적 기계 같은 존재라고 보았다. 그에게 동물은 생각할 수 없기 때문에 감정도 없으며 그렇기에 고통도 느끼지 못하는 존재였던 것이다. 심지어 데카르트는 과학자들이 실험을 위해 동물을 아무렇게나 절단하고 불에 태워도 상관없다고 여겼다. 하지만 데카르트가 살았던 16~17세기를 지나 18~19세기에 이르면 동물을 대상으로 실험하는 것에 대해 감정의 동요를 느끼는 과학자들이 등장한다. 진화론으로 유명한 찰스 다윈 Charles Darwin은 실험을 위해 비둘기를 죽였을 때 느낀 복잡한 감정에 대해 다음과 같이 이야기한다.[1]

나는 비둘기를 사랑하기에 비둘기 껍질을 벗기거나 뼈를 추리는 일이 고통스럽다. 그렇지만 난 그런 악행을 저질렀고

태어난 지 열흘밖에 안 된 천사 같은 녀석을 살해했다.”

여기서 우리는 데카르트와는 확연히 구분되는 동물관을 발견한다. 다윈은 실험 대상이기에 어쩔 수 없이 죽여야 했던 새끼 비둘기에게 동정심과 죄책감을 느꼈는데, 이는 동물을 고통을 느끼는 존재로 보았던 그의 생각을 드러낸다. 물론 다윈은 과학의 발전을 위해 동물실험이 불가피하다고 여겼던 이들 중 한 명이었다. 그럼에도 다윈의 사례는 16세기에서 19세기에 이르는 동안 동물과 고통이라는 관점에 분명한 변화가 있었음을 보여준다. 근대 서구에서 동물의 고통 그리고 이에 대한 배려라는 인식은 어떤 사회적 맥락 속에서 등장했으며, 이는 개인과 신체의 관계를 어떻게 정의하는가? 또한 근대에서 출발한 동물복지의 상상력은 축산농장과 유기동물보호 현장에서 어떤 모순에 봉착하는가?

인권, 인도주의 그리고 동물복지

현재 한국에서 동물복지는 더 이상 생소하지 않은 용어다. 제도적 차원에서 동물복지는 농림축산식품부가 관할하는 식용 동물의 사육과 도축에서 가장 두드러진다. 그리고 이는 동물도 쾌락과 고통을 느낄 수 있는 존재이기 때문에 최대한 인도적으로 대해야 한다는 윤리적 요구와 동물의 면역력을 높여 구제역, AI 등의 문제를 예방하고 식품 안전에 기여해야 한다는 현실적 요구에 부응하려 한다. 실제로 농림축산식품부는 동물복지 축산을 장려하는 차원에서 2012년부터 동물복지 축산농장 인증제를 시행해왔고, 그 결과 2016년을 기준으로 전국의 114개 농장이 인증 대상이 됐다. 이제 우리는 '행복한 젖소'·'행복한 우유'·'행복한 닭이 낳은 동물복지 유정란' 같은 문구를 어렵지 않게 만날 수 있으며, 동물복지를 향상시킬 윤리적 소비자로서 행동하라고 요구받기도 한다.

　세계사적 맥락에서 동물복지 개념은 인권과 인도주의라는 근대적 관념과 감수성이 등장하지 않았다면 애초에 성립하기 어려웠다. 동물도 고통을 느끼므로 그 고통을 최소화하는 선에서 다뤄져야 한다는 인식은 17세기 이후 등장한, 인간과 동물의 근본적 차이를 강조하는 인간 예외주의에 대한 비판뿐 아니라 개인으로서 인간을 자율적이고 침해 불가능한 존재로 재규정하고 개인에게 신체적 고통을 가하는 것을 금지하는 인도주의적 감수성 안에서 가능해지기 때문이다. 린 헌트Lynn Hunt는 인권과 인도주의가 고통의 스펙터클에 지배적으로 의존하던 전통적 형벌제도와 범죄자의 처우에 대한 사회적 비판, 특히 고문과 같이 제도적으로 허용된 잔혹 행위에 대한 문제제기와 함께 발전했음을 이야기한다.[2] 18세기의 세속화 속에서 신체가 공동체나 국가가 아닌 개인의 소유물로 재인식되면서 이전에 공동체적·사회적 의미가 부여되던 신체형과 고문은 잔인하고 야만적인 행위로 간주되기 시작했다.

1760년대에 볼테르는 고문 사용에 전적으로 의존하는 프랑스의 형벌제도를 비판하면서 문명화된 국가는 그와 같은 구식 풍습에 더 이상 기대지 않는다고 주장했다. 이보다 조금 앞선 1754년에 볼테르의 친구이기도 했던 프러시아의 프리드리히 대제는 그의 영토에서 모든 형식의 고문을 폐지했으며, 이와 같은 움직임은 이후 스웨덴·보헤미아·프랑스·영국으로 퍼져갔다. 고문 폐지는 형벌제도 및 기술에 대한 여러 가지 혁신으로 이어졌다. 지금 우리에게 18세기 프랑스혁명 말기 공포정치의 상징으로 여겨지는 단두대가 원래 처형당하는 자의 고통을 가능한 한 단축시키기 위해 고안된 인도주의적 발명품이었다는 것이 그 예다. 또한 유명한 공리주의 철학자이자 발명가인 제레미 벤담Jeremy Bentham이 영국에서 고안한 '원형 감옥'(판옵티콘)은 신체형과 고문에 의존하지 않고도 수감자 스스로 감시하고 훈육하는 것을 가능케 하는 새로운 형벌제도를

만들었다.°

　이처럼 고통의 최소화라는 사회적 당위성은 동물복지라는 개념이 출현하게 된 계기를 마련했다. 동물복지의 윤리는 동물을 인간과 같이 고통과 쾌락을 느끼는 개체로서 재규정하고 절차적 측면에서 발생 가능한 개별적이고 개인화된 고통을 해소하는 데 집중한다. 축산동물의 사육과 도축에서 실험동물과 유기동물의 관리에 이르기까지 개별 동물이 느끼는 고통을 최소화하는 것을 목적으로 삼는 동물복지는 "고통으로부터 최대한 자유로울 윤리"에 의존한다.[3]

　동물학자 템플 그랜딘Temple Grandin의 발명품 "천국으로 가는 계단"은 유인동물이나 강제력을 동원하지 않고도 축산동물을 성공적으로 도살장으로 이끄는 것을 목표로 삼는데,[4] 이는 고통으로부터 최대한 자유로워진 도살이라는 동물복지의 윤리적 자장 속에 위치한다. 또한 동물복지 담론이 발달한 영국에서는 최근 축산동물이 느끼는 공포감과 스트레스를 최대한 억제하거나 제거하고 동시에 긍정적 감정을 촉진하는 기술 개발에 몰두해왔다.[5] 이는 동물복지 과학이라 불릴 정도로 섬세한 지식과 테크닉을 포함하며, 여기서 축산동물은 어떤

°　푸코는 『감시와 처벌』에서 판옵티콘에 대해 길게 서술하면서 고통의 스펙터클에 의존하던 전근대적 권력(주권 권력)과 달리 피감시자가 스스로 '감시 권력'에 예속되게 하는 것을 목표로 하는 근대적 권력(규율 권력)의 핵심을 보여주는 대표 사례로 본다. 인도주의와 감옥 개혁운동 속에서 등장한 판옵티콘이라는 감시 장치는 궁극적으로 새로운 형태의 형벌제도와 권력을 보여주는 것이었다.

환경이 그들 자신에 더 이로운지 행동을 통해 보여주는 일종의 '의사 결정자'로 간주된다. 각기 다른 환경에 놓인 동물들이 보이는 행동은 차분한·공격적인·친근한·무관심한 등으로 기술되고, 그렇게 얻은 정보는 다시 동물복지 과학의 중요한 데이터로 축적된다.

감춰진 고통

개인과 신체에 대한 인식의 변화, 신체적 고통의 거부라는 인
도주의적 감수성의 등장에서 처벌보다 교화에 초점을 두는 근
대적 형벌·감옥제도와 동물의 고통을 배려하는 동물복지라는
얼핏 서로 상관없어 보이는 사회적 실천이 생겨났다는 사실은
의미심장하다. 여기서 상상되는 고통은 개인적인 것, 다시 말
해 개인의 소유물로서 재규정된 신체와 그 안에서 고립된 사
적 경험으로 정의되며, 그런 의미에서 종종 물리적이고 신체
적인 고통으로서의 '통증'으로 대체 가능하다.

하지만 우리는 이 같은 근대적 프레임에서 더 나아가 고
통에 관한 사유의 스펙트럼을 확장시킬 필요가 있다. 프랑스
의 동물복지 축산농장에서 이루어지는 축산 노동자들과 축산
동물간 관계에 대해 연구한 조슬린 포르셰르Jocelyne Porcher는
고통의 최소화라는 문제의식을 기반으로 작동하는 동물복지
라는 장치가 정말 고통을 없애는 제도인지 흥미로운 방식으
로 문제를 제기한다.[6] 먼저 그는 전통적으로 가축과 가축을 키
우는 사람들 간의 관계가 '거리두기의 곡예'로 묘사될 수 있다
고 말한다. 전통적 농업 환경에서 가축으로서의 동물들과 그
가축을 키우는 농부들 사이에 일종의 유대감이 형성되는 것은
일반적이지만, 이 유대감은 가축이 도살되는 시점에서는 거둬
져야 한다는 것이다. 농부와 가축 사이에 애착이 생길 수는 있

으나 애착이 너무 지나치면 안 되는 상황 속에서 농부는 애착과 무심함 사이를 끊임없이 오가며 줄타기한다.

포르셰르에 따르면 이 같은 관계의 특수성은 현대의 대량화·공업화된 축산농장에서 더 복잡한 양상을 띠고, 여기서 고통은 "축산 노동자와 축산동물 사이에 공유된 병리학"과도 같다.[7] 고통은 단지 대량 생산되어 대량 도축되는 동물에게만 국한되지 않고 그 현장에서 작업을 하는 노동자들을 동물들과 함께 묶기 때문이다. 축산 현장에서 개별 노동자가 감수하는 고통은 신체적·정신적·도덕적 차원에서 복잡하게 얽혀 생산 및 재생산된다. 여기서 고통은 작업 자체의 고된 성격에서 기인하기도 하지만 동물복지의 차원에서 개별 동물들을 감정을 가진 존재인 동시에 결국은 몇 킬로그램의 고기로 접근해야 하는 모순된 상황으로부터 기인하기도 한다. 특히 도살 행위를 통해 동물들에게 고통을 가함으로써 느끼는 정서적 고통은 노동자들을 압도한다. 하지만 이 같은 차원의 고통, 즉 노동자와 동물을 묶는 복잡한 행위와 관계로서의 고통은 축산동물의 개별화된 고통이나 신체적 통증을 감소시키는 데 초점을 두는 동물복지 제도에서는 온전히 파악될 수 없다. 여기서 동물복지는 어떤 고통은 제거하지만 동시에 어떤 고통은 감추고 재생산하는 제도가 된다.

어느 수의사의 죽음

얼마 전 대만의 한 유기동물보호소에서 일하던 젊은 수의사가 700마리의 개를 안락사 시킨 일에 죄책감을 느끼다가 스스로 목숨을 끊은 내용이 담긴 기사를 봤다.[8] 이 수의사는 개들을 안락사 시키기 전에 산책을 시킨다거나 간식을 주면서 정성을 쏟았지만 결국 안락사에 사용했던 약을 자신의 몸에 주사해 스스로 생을 마감했다고 한다.

　이 이야기 속 아이러니는 고통의 제거 내지 최소화를 목적으로 하는 사회적 장치 내에 또 다른 고통이 생산됐다는 데 있다. 많은 국가에서 유기동물보호소는 동물복지라는 제도 속에서 가능하다. 특히 안락사라는 특정 개입은 (재)입양과 같은 장기적인 보호의 가능성이 부재한 경우나 질병·부상이 초래하는 신체적 고통으로부터 회복 불가능한 경우 차라리 생을 마감하는 쪽이 개별 동물의 행복과 안녕에 이롭다는 동물복지의 윤리적 자장 안에서 가능해진다. 하지만 이 같은 제도적 개입 속에서 또 다른 고통이 생산되고 해소되지 못했다는 점은 우리로 하여금 고통의 사회적 삶에 대해 생각해보게 한다. 다양한 인간, 비인간 타자와의 관계 속에 예속된 우리의 일상에서 고통은 근본적으로 제거 가능할까? 누군가의 고통은 이를 목도하는 또 다른 누군가를 감염시키고 그로 하여금 함께 고통스럽게 하지 않을까?

탈랄 아사드Talal Asad는 고통을 사회적 관계 그 자체로 정의한다.[9] 그에게 고통은 자유주의와 세속주의secularism에서 제시되듯 개인에게 국한된 것이자 개인의 주체성과 행위력을 무력화시키는 것이기보다 행위력의 원천이자 사회적 관계 그 자체다. 고통과 행위력을 상충된 것으로 여기는 세속적 관점에서 보면 산통은 산모로서 여성의 주체성과 행위력을 약화시킨다고 할 수 있지만, 다른 한편 산모와 출산될 아이를 매개하는 '관계적 행위'로서 고통의 좋은 사례가 된다.[10]

아사드가 제시한 또 다른 사례는 오이디푸스의 자해행위와 그로부터 겪는 고통이다. 오이디푸스는 스스로 알지 못한 상태에서 저지른 일을 깨닫고는 이에 대한 도의적 책임을 지고 스스로 벌하기 위해 자신의 눈을 찌른 후 방랑을 시작한 것일까? 아사드는 오이디푸스의 자해에서 책임보다는 모든 것을 알게 된 이상 아무 것도 하지 않고는 버틸 수 없는 그의 선함에 주목한다. 여기서 윤리적인 것은 역설적으로 고통의 제거보다는 고통스러워하는 몸 그 자체에서 발산된다. 그리고 이 논의로부터 우리는 대만 수의사의 죽음을 어떻게 해석할 수 있을까? 그의 자해행위는 그의 의도도 책임도 무의미해지는 제도화된 안락사 속에서 어떤 빛을 발하며 우리를 압박해 오는가?

2

고통과 타자

6

아시아에서
구조된 개들

비포 앤 애프터

동물과 문화에 대해 연구하기 시작하면서 팔로우 하게 된 SNS 계정이 있다. 그중 휴메인소사이어티인터내셔널Humane Society International, HSI과 애니멀즈아시아Animals Asia라는 국제적 동물 보호단체가 아시아의 각국에서 학대받는 동물들을 구조해 북미·유럽·호주 등의 일반 가정 또는 보호기관에 입양시키는 활동이 특히 흥미롭다.

가장 빈번하게 구조 및 입양의 대상이 되는 것은 한국·중국·베트남·인도네시아 등지에서 살고 있는 '식용견'이다. 예를 들어, 2018년 8월 한 달 동안 HSI의 SNS 계정에 올라온 총 11개의 포스팅 중 홍수가 난 인도 케랄라 지역에서 있었던 구조 활동과 일본의 아이보리 수입 문제에 관한 4개를 제외하면 나머지가 아시아의 식용견 문제를 다뤘다. 이 단체의 활동은 종종 현지 단체들의 협조하에 식용견 반대 서명운동을 벌인다거나 기부금을 독려하는 데 집중된다. 해당 달에 올라온 포스팅은 한국의 식용견 및 식용묘 금지를 위해 더 많은 서명을 모아 청와대를 압박하고, 인도네시아 농림부에 식용견 규제를 권고하는 활동을 소개한다.[1]

또한 그동안 구조되어 다른 나라로 입양된 개들에 대한 소식도 잊지 않는데, 해당 달의 주인공은 중국의 식용견이었다가 캐나다의 새 집으로 입양된 '니비아'였다. 다음은 니비아의

최근 사진과 함께 올라온 글이다.[2]

다른 개들과 함께 철창에 갇혀 있던 니비아는 우리 단체가
구조하기 전 중국의 율린 개고기 축제를 위해 도살될 위험
에 처해 있었습니다. 니비아는 3개월 동안 새 보호자가 만지
는 것조차 허락하지 않을 정도였습니다. 하지만 지금은 캐
나다 몬트리올의 새 집을 매우 좋아하고 있고, 우리는 이보
다 더 행복할 수 없을 것입니다.

중국에서 도살될 운명에 처해 있던 니비아가 캐나다의 좋
은 가정에 입양되어 잘 살고 있다는 소식만큼 전형적인 해피
앤딩은 없을 것이다. 이 소식은 동물을 사랑하는 많은 이들에
게 안도감을 느끼게 하며 이 감정은 구조되기 전 중국에서 다
른 개들과 함께 비좁은 철창 안에 마치 구겨 넣어진 듯한 모습
으로 들어가 있던 니비아의 이전 모습과 캐나다의 새 보호자
품에 안겨 행복해 하는 모습을 담은 각각의 사진 속에서 고조
된다.

아시아 각국에서 구조된 개들의 '비포 앤 애프터'는 이렇
게 정기적으로 업데이트된다. 한국의 개농장에서 구조되어 미
국으로 입양된 백구가 빨간색 나비넥타이를 멘 채 크리스마스
트리 앞에 포즈를 취하고 있는 동영상, 역시 한국의 개농장에
있을 때는 길게 자란 털과 먼지에 뒤덮여 형체를 알 수 없을

정도였던 개가 새하얀 털을 되찾고 관리가 잘된 모습으로 외국의 공원에서 뛰어놀고 있는 사진 등이 그것이다.

여기서 이 이야기들은 단지 훈훈함을 주는 데 그치지 않는다. 오히려 여러 가지 감정을 한꺼번에 자아낸다는 점에 이 이야기의 복잡성이 있다. 즉 아시아의 비위생적인 환경에서 잔혹하게 도살되어 소비될 상황에 처해 있던 개들이 서구의 어느 가정에 입양되어 따뜻한 보살핌을 받고 있다는 식의 서사구조는 불가피하게 선과 악·문명과 야만·깨끗함과 더러움·정상과 비정상·혐오와 수치심 등의 정동affect을 생산하고, 이 정동은 아시아·중국·한국·인도네시아·캐나다 등 전혀 중립적이지 않은 지정학적 범주들 사이를 순환하며 극대화된다.

해외 입양과 자애로운 지배

주지하다시피 한국에서 해외로 처음 입양됐던 것은 동물이 아닌 인간, 즉 한국전쟁이 낳은 고아들이었다. 인류학자 일리나 킴Eleana Kim은 한국에서 해외 입양이 형성된 과정을 추적한 연구에서 전쟁과 미군정의 설립이 없었다면 한국에서 몇 십 년간 이어진 것과 같은 규모의 입양은 존재하지 않았을 것이라 말한다.[3] 한국전쟁 고아의 해외 입양은 한반도와 동북아시아에서 자신의 입지와 반공주의를 강화하려는 미국 정부의 이해관계와 국가적 대혼란 속에서 특정 인구집단에 대한 보호 및 복지의 책임을 해외로 전가하려는 한국 정부의 욕망이 딱 맞아떨어진 결과였다. 한국에서는 정부에 의해 공식 승인된 한국아동양호회가 해외 단체들과 협조해 전쟁고아들을 북미와 유럽의 가정으로 입양 보냈으며, 미국에서 한국의 전쟁고아는 공산주의와 전쟁의 참상에서 구해내야 할 인도주의적 대상으로 재현됐다.

해외 입양이 단순히 수요와 공급에 따른 것이 아니라 냉전 체제와 그 속에서 형성된 불평등한 한미관계를 기반 삼아 가능했다는 킴의 주장은 정치나 권력의 문제와 무관해 보이는 인도주의 활동이 지닌 정치적 함의에 대해 생각해보게 한다. 물론 전쟁 통에 부모를 잃거나 혹은 부모에 의해 버려진 아동에게 보살핌과 교육의 기회를 제공하는 해외 입양은 일차적으로 인도주의적 사회사업의 성격을 지닌다. 하지만 바로 그 실천은 미국과 한국, 해외의 입양 가족과 입양되는 한국의 고아 사이에 존재하는 불평등 속에서 벌어지며, 그렇기에 권력관계에서 자유롭지 않다. 킴은 미국과 한국의 적극적 공조 아래 이루어진 전쟁고아의 해외 입양을 통해 사실상 냉전과 미국의 패권주의의 산물이었던 한국전쟁이 하나의 '인도주의적 과업'으로 재전유됐음을 지적한다. 미국은 흉포한 지배자가 아닌 선의의 구원자로 종종 묘사됐으며 한국은 그 구원의 숭고한 대상으로 재정의됐다는 것이다.

물론 지금 한국에서 식용으로 소비될 개들을 구조해 해외로 입양시키는 일과 한국의 전쟁고아들을 해외로 입양시킨 일을 단순 비교할 수는 없다. 하지만 킴의 논의는 '선의'를 기반으로 하는 국제적 구호활동이 그것만의 논리와 영역에서 독립적으로 작동하지 않음을 일깨워준다. 동물을 대상으로 하는 인도주의 활동도 마찬가지다. 오히려 우리는 그 활동들이 인간 집단 사이에 존재하는 권력·지배 관계와 불평등 위에서 진행되며, 동시에 그 관계들을 새로운 국면, 즉 문화적이고 도덕적인 차원으로 이끌고 있음을 생각해볼 필요가 있다.

한 예로, 20세기 초 스페인-미국전쟁 이후 활약한 미국 동물보호주의자들의 활동[4]을 들 수 있다. 전쟁 결과로 미국이 스페인의 식민지였던 필리핀·쿠바·푸에르토리코 등을 얻게 되자 마침 미국의 모든 주에서 동물학대방지법을 성공적으로 통과시킨 미국동물학대방지협회American Society for the Prevention of Cruelty to Animals, ASPCA와 같은 단체가 이를 새 영토로 확대하기 위해 분주히 움직인다. 이 단체의 메사추세츠 분회MSPCA의 설립자 겸 초대 회장이었던 조지 앤젤George Angell은 해외 식민지에 동물보호 메시지를 전파시키는 일이 새로운 제국으로서 미국의 '자애로운 지배'라는 기획의 일환임을 상징하는 인물이었다. 앤젤은 잔인성에 대한 거부와 모든 존재에 대한 배려라는 가치에 입각해 인종주의적 폭력, 군사주의 그리고 이에 기반한 구식 제국주의를 모두 반대했지만, 민주주의·자유무역·산업발전·기독교적 복음주의라는 미국적 가치를 전파하는 "도덕적 제국주의"moral empire[5]는 옹호했다. 앤젤과 같은 미국의 동물보호주의자들은 당대의 선교사 및 금주론자들과 마찬가지로, 유색인을 교육시키고 계몽하는 것이 백인의 의무라는 관점을 암묵적으로 받아들였으며, 여기서 동물보호의 가치는 미국과 새 식민지들 간의 문화적 지배 관계를 구성하는 요소 중 하나였다.

오랑우탄, 현지 직원 그리고 자원봉사자

그렇다면 앞서 살펴본 20세기 전반 동물보호와 인도주의 현장에 스며든 국가 간 혹은 서구와 비서구 간 불평등은 지금 어떤 모습을 취하고 있을까? 주노 살라자르 빠레냐스Juno Salazar Parreñas는 말레이시아의 오랑우탄 자활센터와 태국 북부의 코끼리 보호구역 등에서 진행되는 상업적 자원봉사 활동을 "친밀감 산업"intimate industry이라 명명하고, 글로벌 북반구global north에서 온 자원봉사자들과 소수민족 출신이며 그렇기에 현지에서도 취약한 계층에 속하는 현지 직원들이 각각 수행하는 '일'의 의미를 파고든다.[6] 두 집단은 모두 오랑우탄의 자활이나 코끼리의 보호를 위한 활동을 하고, 그럼으로써 야생보호라는 더 큰 가치와 과업에 서로 힘을 보태고 있는 것 같지만, 사실상 그들의 협업은 전혀 상호적이지 않다.

1~2주 동안 오랑우탄과 가까이 지내면서 이들의 똥을 치우는 일을 하기 위해 적게는 몇십 만 원 많게는 심지어 몇백만 원을 지불하는 자원봉사자들에게 이 일은 노동인 동시에 휴가, 휴가인 동시에 멸종위기종 보호를 위한 숭고한 행위다. 반면 보잘 것 없는 임금을 받고 일하는 현지 직원들의 일에는 야생동물의 자활 및 보호뿐 아니라 그들에게 현실적으로 많은 것을 의존할 수밖에 없는 자원봉사자들의 돌봄까지 포함되어 있다. 같은 오랑우탄 똥을 치우고 있어도 두 집단에게 이 일은

매우 다르게 의미화되는 것이다.

이와 더불어, 현지 직원과 자원봉사자들은 각기 다른 차원과 강도의 위험에 처해 있다.[07] 자활센터에 상주하는 현지 직원들은 야생동물과 상호작용하는 과정에서 부상·물림·동물원성 질병에 늘 노출되어 있다. 하지만 단기간 이 시설에서 고된 노동을 경험하는 서구의 자원봉사자들은 한시적으로만 이 위험에 노출될 뿐이며, 오히려 이 경험은 그들이 북반구의 일상으로 복귀했을 때 남반구에서의 더없이 이국적인 모험으로 남는다. 영국, 호주를 비롯해 유럽 각지에서 전문직에 종사하면서 야생보호를 위해 시간과 돈을 쓸 수 있는 북반구의 자원봉사자들과 낮은 임금에 만족하며 고된 노동을 할 수밖에 없는 현지 노동자들 사이에 이미 존재하는 사회경제적 불평등은 질병과 취약성에서의 불평등으로 확장된다.

결론적으로 위 현장에서 재생산되는 것은 현지 사회 내에 존재하는 사회적 불평등뿐만 아니라 글로벌 북반구와 글로벌 남반구 사이의 불평등이며, 이는 특히 동남아시아 국가에 대한 서구의 식민통치라는 역사적 유산과 맞물리면서 한층 더 복잡해진다. 즉, 서구에서 온 자원봉사자들에게 아시아의 이국적인 동물을 구조하는 일은 마치 위험에 처한 유색인종 여

---

o   여기에서 빼놓을 수 없는 것이 오랑우탄들이 갖게 되는 여러 가지 리스크와 취약성이다. 빠레냐스는 그 예로 외부에서 방문하는 단기 자원봉사자들과의 관계에서 오랑우탄이 갖게 되는 정서적 스트레스와 새로운 질병에 노출되는 점을 들고 있다.

성을 구해내야 한다는 19세기의 식민주의적 환상을 재생시킨다. 현장연구를 수행하던 빠레나스에게 오랑우탄 자활센터의 현지인 담당자가 외국의 자원봉사자들이 동물보호와 관련해서 이래라 저래라 하는 것에 대해 불만을 토로한다거나, 반대로 영국 출신 관리자가 외국 스탭의 존재 이유에 대해 "우리는 백인이니까 모든 걸 다 알아"가 아니라 "단지 보조하기 위한" 차원에서 있다고 애써 강조하는 것은 아시아에서 멸종위기종 보호활동이 북반구와 남반구 사이의 불평등뿐 아니라 식민주의와 인종주의의 역사 위에서 펼쳐지는 복잡한 사회문화적 실천임을 증거한다.[8]

보이지 않는 권력

동물을 대상으로 하는 국제적 구호활동이 그만의 독립 영역으로 존재한다는 것은 애초에 불가능하다. 아시아의 '식용견'을 북반구의 가정으로 입양시키는 동물단체들의 활동은 분명 동물의 '살 권리'라는 문제에 부응하려고 한다. 하지만 동시에 그 활동은 '우리의 가족이자 친구인 개들을 비위생적으로 도살하고 잡아먹는 아시아의 잔혹한 전통문화'라는, 오리엔탈리즘적·인종주의적·식민주의적 시선도 불가피하게 재생산한다.

앞서 언급한 두 단체의 SNS 포스팅에는 아시아의 개들이 처한 상황에 대한 안타까움과 혐오를 표출하는 댓글이 종종 달리며, 한 단체는 이에 대한 대응으로 인종주의와 혐오발언을 절대로 용납하지 않을 것이고 동물학대가 단지 '아시아의 문제'가 아닌 국경을 초월해 발생하는 문제임을 강조하는 성명서를 내기도 했다.[9] 물론 이 성명서가 강조하듯 현지에서 자생적 동물보호 활동이 점차 활발해지고 있으며, 이는 최근 동물권에 대한 사회적 관심이 급증한 한국도 예외가 아니다. 하지만 자생적 활동의 유무와 상관없이 인간과 동물, 인간과 인간이 얽혀 만드는, 권력 관계라는 본질적 문제는 남는다.

캐슬린 키트Kathleen Kete는 19세기 유럽의 동물보호운동을 살펴보면서 동물에 대한 배려라는 문제가 궁극적으로 계급·젠더·권력과 복잡하게 연결되어 있음을 지적한다.[10] 키트는 동물보호의 역사를 바람직한 인간-동물 관계로의 변화 또는 전근대에서 근대로의 역사적 진보라는 자유주의적 틀을 넘어서 권력과 그 지형의 변화라는 측면에서 읽자고 제안한다. 동물의 지위가 향상되면서 이와 함께 인간사회가 진일보하고 있다는 믿음은 동물보호와 문명화를 연결시키는 19세기적 상상력 속에서 가능해진 것으로, 우리는 그와 같은 의미화가 필연적이기보다는 역사적이라는 사실을 종종 잊는다. 유럽사 속에서 동물보호운동은 17세기 이후 서서히 권력을 잡기 시작한 청교도들이 일으킨 정치적이면서 사회적인 혁명의 일부였으며, 이 혁명은 한편으로는 왕과 귀족들에 도전하고 다른 한편으로는 노동계급과 대중을 교화하는 것을 목표로 삼았다.

따라서 인간-동물 관계는 동시에 인간-인간 관계를 뜻하기도 한다. 순수하게 동물만의 문제, 순수하게 인간만의 문제란 없다. 하지만 분리의 관점에서 인간-동물 관계를 바라보고 그 사이를 조정하려는 노력은 불가피하게 다양한 인간 집단들 사이의 역사적 얽힘을 배제할 뿐 아니라 동물에 대한 배려라는 이름 아래 이루어지는 사회적 통제를 보이지 않는 것으로 만들어버린다.

정치학자 클레어 진 킴Claire Jean Kim은 샌프란시스코 차이나타운 내 동물의 도축 및 거래, 원주민들의 고래 사냥, 히스패닉 이민자들의 투계, 흑인 남성들의 투견을 둘러싸고 미국에서 벌어진 논쟁에 개입하면서 일련의 일들이 동물보호와 환경보호의 문제뿐만 아니라 비백인 이민자와 인종적 소수자 그리고 그들의 문화적·사회적 차이에 관한 인종적 담론으로 발전했음을 이야기한다.[11] 여기서 만약 이 논쟁을 순전히 '대문자 인간' 대 '대문자 동물' 간의 억압 및 착취 관계로 정의한다면 다양한 인간집단을 둘러싼 인종정치의 역사와 여전히 현재진행형인 지배와 권력의 관계는 효과적으로 비가시화될 것이다. 인간-동물 관계를 탈역사화되고 도식화된 담론 속에서 상상하는 대신 존재자들이 만드는 구체적 얽힘을 따라갈 때, 권력 구조가 어떻게 작동하는지 더 잘 볼 수 있지 않을까?

7

동물싸움의 현재적 불만

소싸움 논란

몇 해 전 겨울 어느 날 전라북도 정읍에 사는 한 수의사로부터 전화 한 통이 걸려왔다. 그는 나도 친분이 있는 지인으로부터 내가 동물에 관해 연구한다는 이야기를 들었으며, 자신이 정읍에서 진행 중인 활동에 도움을 얻고자 연락했다고 했다. 그에 따르면 정읍은 소싸움을 지역 전통으로 내세우는 도시로, 당시 건립 중인 축산테마파크 내에 상설 소싸움 경기장까지 세우는 중이었다. 축산업이 지역경제의 큰 부분을 차지하는 도시답게 지역 축산업계와의 공조하에 소를 다각도로 자원화하는 계획을 세웠는데 소싸움 경기장은 그중에 하나였던 것이다.

하지만 그를 포함한 많은 주민들에게 소싸움은 동물학대에 지나지 않았기에 이들은 여러 시민단체와 힘을 모아 소싸움 경기장의 건립에 반대하는 1인 시위를 몇 달간 이어오고 있었다. 그날 그의 고민을 들어주는 것 외에 딱히 이렇다 할 도움을 줄 수 없었던 나는 몇 달 후 소싸움 경기장 건립이 전면 백지화될 것이라는 소식을 들었다. 지역 주민들의 반대에 정읍시가 반응했다고 여겨졌는데, 사실 모든 게 끝난 것은 아니었다. 건립은 취소됐지만 소싸움 대회 자체가 중단되지는 않았기 때문이다.

소싸움에 반대하는 입장은 인간이 소를 억지로 싸우게 하는 것 자체가 동물학대라고 이야기한다. 경기를 위해 몸집과 스태미나를 키우는 과정에서 초식동물인 소에게 낙지·개소주·뱀탕 등을 먹일 뿐 아니라, 몇 년간 혹독한 훈련을 거친 소는 평균 5년간 경기에 임한 후 도축된다.[1] 현재 한국의 동물보호법은 도박이나 유흥을 목적으로 하는 동물싸움을 금지하지만, 소싸움만은 예외로서 인정한다. 실제로 코로나19 발생 이전인 2018년까지 정읍을 포함한 전국 11곳에서 소싸움이 합법적으로 이루어졌다.

동물싸움과 남성성

인류학에서 동물싸움은 그리 낯설지 않은 소재다. 가장 유명한 사례는 클리포드 기어츠Clifford Geertz가 묘사한 인도네시아 발리에서의 닭싸움일 것이다. 1972년에 발표한 「심층놀이」 Deep Play라는 논문에서 기어츠는 먼저 닭싸움이 현지인들과 '라포'rapport°를 형성하는 데 중요한 현장이었음을 이야기한다.[2] 현지조사 초기에 발리인들은 낯선 기어츠 부부를 투명인간 취급한다. 그러던 어느 날 마을 한복판에서 닭싸움이 벌어지고, 현장을 단속하기 위해 갑작스레 경찰이 들이닥치자 그들은 현지인들과 함께 달아나 어느 집에 숨는다. 이 우연한 사건을 계기로 기어츠 부부와 현지인들 사이에는 일종의 '공범관계'가 형성되고 이후 현지인들은 그들을 더 친근하게 여기기 시작한다. 현지사회에 깊숙이 들어가게 된 기어츠는 당시 인도네시아 정부에 의해 원시적이고 퇴보적인 전통으로 규정되고 금지됐던 닭싸움이 여전히 발리인의 삶의 일부임을 알게 된다.

물론 여기서 '발리인'은 정확히 말해 '발리 남성'을 의미하는데, 발리 남성과 그가 소유한 수탉 사이의 특별한 관계도 상

° 인류학적 현장연구에 필수적으로 여겨지는 인류학자와 현지인들 간의 신뢰 관계를 말한다.

세히 묘사된다. 수탉의 여러 모습은 다양한 남성성을 은유하는 데 사용되며, 현실에서 발리 남성의 상당수는 그들이 키우는 수탉과 대화하고 그들을 돌보고 훈련시키는 데 많은 시간을 보낸다. 수탉은 남성 주인의 이상적 자아이자 페니스penis°이며, 닭싸움에서 후자의 대리인으로 행한다. 즉, 닭싸움에서 싸우는 대상은 표면적으로만 수탉일 뿐, 사실상 남성이었던 것이다.

기어츠는 벤담이 자신의 저서 『입법의 원리』Theory of Legislation에서 언급한 "심층놀이" 개념을 빌려와 닭싸움을 정의한다. 심층놀이는 내기돈이 지나치게 많아 비합리적이고, 최종적 쾌락보다는 최종적 고통만을 안겨주는 놀이다. 하지만 흥미롭게도 사람들은 벤담의 공리주의적 시각에서 봤을 때 비도덕적일 뿐 아니라 법적 제재가 필요한 심층놀이를 종종 그리고 심지어 위험을 무릅쓰고 벌이는데 발리의 닭싸움도 그중 하나다. 닭싸움에서 발리 남성들이 거는 것은 내기돈이라기보다 사실상 "위신, 명예, 위엄, 존경심"[3]이며, 이를 통해 아무도 현실의 지위가 높아지거나 낮아지는 것이 아님에도 그들은 이 "지위를 둘러싼 유혈극"[4]을 반복한다.

° 기어츠는 발리인 남성과 닭 사이의 친밀감과 동일시에 대해 공들여 설명한다. 닭은 분리 가능하고 스스로 작동하는, 자체의 생을 지닌 남성 성기로 간주되며 이는 기억츠보다 먼저 발리에서 연구를 진행했던 인류학자 그레고리 베이트슨Greogory Bateson과 마가렛 미드Margaret Mead의 논의에서도 찾을 수 있다.

발리의 닭싸움과 같이 경제적 합리성이나 쾌락, 안락감의 추구라는 공리주의적 감수성을 거스르는 심층놀이는 20세기의 도처에서 찾을 수 있다. 그중 하나가 미국 남부에서 벌어지는 '개싸움', 일명 투견이다. 미국의 오십 개 주 모두에서 불법으로 금지되어 있지만, 여전히 남부를 중심으로 공공연히 벌어지곤 하는 투견은 두 마리의 개 중 어느 한 마리가 중단하거나 죽을 때까지 계속된다. 원래 투견은 주인을 지키기 위한 개들의 용맹성을 시험하는 17세기의 풍습에서 유래됐다. 초기에는 모든 계급이 향유하는 오락이자 유흥이었으나, 산업화를 거치면서 서서히 남부 백인 남성 그중에서도 노동계급의 하위문화로 자리 잡았다. 투견으로 투입된 개들은 그들의 주인과 동일시되며, 경쟁·공격성·강인함·용맹함 등의 남성성('남자다움')을 보여주리라 기대된다.

1990년대 후반 남부의 투견장에서 벌어지는 일들을 상세히 기록한 자료가 있다.[5] 여기서 '겁쟁이' 또는 '똥개'로 명명되는 개들의 운명은 투견 문화의 주요 성격을 드러낸다. 이들은 투견 현장에서 잘 싸우지 못하거나 싸움을 회피하려고 하는 개들로, 투견의 핵심 가치인 용맹성뿐만 아니라 주인의 명예를 훼손했다고 여겨져 곧바로 죽임을 당한다. 이 개들을 살려두거나 다른 이에게 양도하는 행위, 즉 투견에서 실패한 개들에게 마지막 온정을 베푸는 모든 행위는 나약함 그 자체로 간주되며 이미 떨어진 주인의 위신을 더욱 훼손하는 일이 된다.

이 자료의 저자들은 미국사회에서 종종 '루저', '백인 쓰레기'로 낙인찍힌 남부의 노동계급 백인 남성들이 상처받은 자존감과 남성성을 개들을 죽음에 이르게 하는 극단적 위신 경쟁을 통해 회복하려 한다고 지적한다. 그들의 손상된 남성성을 복구하고 과시할 수단은 극히 제한적인데, 투견은 그들이 '진짜 남자'로서 인정받고 살아갈 수 있게 하는 몇 안 되는 통로라는 것이다.

비둘기 쏘기: 러스트 벨트의 상실감

앞서 언급한 자료에 따르면, 투견은 남성성의 상징일 뿐만 아니라 소속감과 유대감의 원천이다. 송훈Song Hoon은 탈산업화에 따른 경제 불황과 사회적 황폐화를 경험한 1990년대 펜실바니아의 어느 탄광촌을 관찰하고 연구했는데, 이 마을의 공동체적 유대감은 주류 사회로부터 잔인한 풍습이자 동물학대로 규정된 '노동절 비둘기 쏘기'를 중심으로 형성됐다.[6] 비둘기 쏘기는 탄광업의 황금기였던 1920년대에서부터 내려오던 마을 전통으로 매년 노동절이 되면 대다수가 백인이었던 이곳 주민들은 여러 지역에서 공수해온 수천 마리의 비둘기를 산 채로 쏴 죽였다. 동물단체들이 규정한 동물학대 행위에는 살아 있는 비둘기의 목 비틀기 등이 포함됐음에도 어른 남성뿐만 아니라 남자아이들도 참여했다. 이를 '비둘기 학살'이라 부르며 반발하는 동물단체들의 시위에도 아랑곳하지 않고 주민들은 이 전통을 매년 기념하고 계승하는 것에 열을 올렸다.

　외국인이며 심지어 새 공포증이 있는 인류학자의 눈에 비친 이 마을은 논리적으로 설명하기 힘든 여러 가지 모순으로 가득 차 있었는데, 이는 주로 주민들이 비둘기에 대해 이야기하는 방식에 집중됐다. 주민들에게 비둘기가 무엇을 의미하며 왜 쏘는지 궁금해하던 인류학자가 처음 들은 설명은 비둘기는 '날개 달린 쥐'이며 농작물에 끼치는 피해를 줄이기 위해 죽일 필요가 있다는 내용이었다. 하지만 농업이 차지하는 비율이 극히 미미한 이곳에서 굳이 비둘기를 대량 제거할 필요가 있는지에 대해 재차 묻자, 주민들은 비둘기의 원래 서식지(대도시)에서 이들에게 독극물을 살포하기 때문에 방역을 위해 죽일 필요가 있다고 답했다. 물론 이 답변 또한 인류학자를 만족시킬 수 없었는데, 그 이유는 애초에 '노동절 비둘기 쏘기'를 위해 비둘기 수천 마리를 외지에서 들여오는 이유를 설명하지 못하기 때문이다. 하지만 더 큰 모순은 이 전통이 처음 시작됐던 1920년대에는 비둘기가 유해조수有害鳥獸라는 인식이 전혀 존재하지 않았을 뿐만 아니라 심지어 한동안 식용했다는 사실에 있었다. 더 흥미로운 것은 어떤 사람들은 비둘기 쏘기에 활발히 참여하면서도 비둘기를 애완동물로 키우고 있다는 점이었다.

마을 사람들과 이야기를 나누면 나눌수록 더 깊은 미궁에 빠져드는 것 같았던 인류학자에게 한 가지 확실하게 다가오는 점이 있었다. 그것은 마을 사람들과 비둘기에 관해 이야기하면 할수록 이들에게서 과거에 대한 노스탤지어, 상실감, 외부(인) 특히 도시(민)에 대한 적대감이 강렬히 전해졌던 것이다. 그들에게 비둘기는 자본주의의 급격한 변화 속에서 좋은 시절을 잃어버린 그들 자신의 과거와 현재를 연결해주는 은유였다. 또한 비둘기는 그들로부터 좋은 시절을 앗아간 외부의 적이었으며, 특히 납에 중독된 비둘기는 외지인의 도덕적·육체적 타락을 상징했다. 따라서 비둘기를 쏘고 죽이는 행위는 외부의 오염과 위험으로부터 공동체의 순수성을 지키는 의례이기도 했다. 저자는 결국 시대의 변화 속에서 낙오된 백인 노동계급 거주지에서 끈질기게 이어져 온 '노동절 비둘기 쏘기'라는 불가사의한 전통 속에 반유대주의, 음모론, 백인 우월주의 등이 서로 복잡하게 어우러져 있음을 이야기한다.

유혈 스포츠의 정치사

닭싸움·소싸움·개싸움·사냥 등의 '유혈 스포츠'blood sports는 세계 각지에서 긴 역사를 갖고 있다. 하지만 16세기 이후 서구에서 동물의 고통을 자아내는 다양한 유혈 스포츠에 대한 반감이 싹트기 시작했는데 이는 주로 프로테스탄티즘의 등장, 특히 신교도들에 의한 계급투쟁의 역사와 관련 있다. 동물을 보호해야 할 대상으로 여기지 않았던 세상에서 유혈 스포츠가 죄악이라는 인식이 등장한 배경에는 인간 예외주의에 대한 거부라는 칼뱅주의적 교리가 자리했다.[7] 영국에서 활동했던 초기 동물보호주의자들은 거의 대부분 종교개혁을 부르짖은 청교도들이었으며, 이들은 닭싸움·곰사냥·소곯리기° 등에서 보이는 잔인함과 폭력성을 열렬히 비판하고 인간과 자연의 유대감을 강조했다.°° 반면, 대부분이 구교도였던 왕당파Royalists는 용맹성과 호전성을 찬양하고 사냥 등의 유혈 스포츠를 즐기면서 신교도들의 감상에 젖은 자연애를 조롱하곤 했다. 이런 맥락에서, 중간계급인 신교도들 사이에서 등장한 동물보호의 감수성은 귀족계급에 속한 구교도들이 향유하는 계급적·종적

°   개로 황소를 괴롭히는 놀이를 말한다.

°°   청교도들이 "곰사냥을 싫어한 이유는 곰에게 고통을 주기 때문이라기보다는 구경꾼들에게 쾌락을 주기 때문"이라고 말한 19세기의 영국 사학자 토머스 매컬레이 Thomas Macaulay의 사례에서 볼 수 있듯이 청교도들이 주장한 동물보호의 기저에는 동물보호 자체보다 금욕주의가 자리했다는 시각도 있다.[8]

특권에 대한 반발 속에서 강화됐다. 구교도가 지배하는 세상에서 신교도는 또 다른 피지배 집단으로 간주된 동물의 고통에 강하게 동일시했던 것이다.

영국 내전 이후 권력을 장악한 청교도들은 1642년에서 1659년 사이 왕당파와 연관된 여러 종류의 유혈 스포츠를 동물학대로 규정하고 이를 금지하는 정책을 실시했으며, 이는 영국을 넘어 미국 식민지에까지 확대됐다. 당시 실시된 동물보호 정책들은 1660년의 왕정복고 이후 잠시 사라졌다가 18세기에 다시 부활했으며, 이때는 영국에만 국한되지 않고 유럽 전역으로 퍼져나갔다. 그 결과 오랫동안 민중의 오락으로 존재하던 다양한 동물학대 행위는 "인간의 교화"[9]라는 이름하에 점차 금지됐으며, 신교도들인 부르주아지가 새로운 지배계급으로 등장하게 된 사회에서 이는 노동계급의 통제와 긴밀히 연결돼 있었다. 『공산당선언』에서 맑스와 엥겔스는 당시 막 등장하던 동물보호협회를 박애주의자들, 자선단체, 금주운동 등과 함께 묶고 이들을 체제의 근본적인 변화 없이 사회변혁을 추구하는 부르주아적 사회운동이라 명명하기도 했다.[10]

19~20세기에 유혈 스포츠는 서구의 제국주의, 식민주의 그리고 이에 대항하는 비서구 민족주의의 등장과 함께 복잡하게 얽힌다. 20세기 초 미국은 필리핀, 쿠바, 푸에르토리코의 세 점령지에 동물복지법을 실시하고 유혈 스포츠를 금지했는데, 이는 이 국가들을 군사적으로 정복했던 구제국 스페인과

다르다는 점을 강조하면서 '자애로운 관리'benevolent stewardship 를 표방하는 미국식 통치의 일환이었다. 동물에 대한 배려와 자애심을 강조하는 분위기 속에서 유혈 스포츠가 금지되자, 현지 사회는 특히 닭싸움과 소싸움에 대해 상이하게 반응했 다. 스페인의 식민 지배와 그로부터 받은 상처를 연상시키는 소싸움을 금지하는 일은 별탈없이 받아들여진 반면, 닭싸움 금지는 민족주의적 감정을 건드렸던 것이다.

재닛 M. 데이비스Janet M. Davis는 닭싸움 금지를 지지한 현지인들이 이 문제를 미국에의 동화와 시민권이라는 차원에서 접근했다면 닭싸움 금지를 반대한 현지인들은 자국의 문화유산을 수호할 권리와 민족자결권 측면에서 접근했다고 분석한다.[11] 여기서 동물에 대한 배려는 미국의 문화적 패권주의의 일환으로 이해됐으며, 외부인의 권력과 함께 소개된 동물복지에 대한 반감은 피지배 사회의 반제국주의적 민족주의와 밀접히 얽혀 있었다.

시대착오적 외관 속에 가려진 것

소싸움·닭싸움·개싸움 그리고 비둘기 쏘기까지 앞서 이야기한 사례들은 서로 다른 시대적·사회문화적 맥락 속에 위치한다. 그럼에도 어떤 공통점이 발견되는데 이는 아마 이들이 근대 이후의 지배적 시대정신을 거스른다는 데 있을 것이다. 즉, 근대성의 지배적 에토스는 신체에 가해지는 잔인함과 불필요한 고통을 방지하는 데 기울어 있으며, 이 맥락에서 동물의 고통을 자아내는 유혈 스포츠는 종종 시대착오적이자 전근대적 악습으로 그려진다. 가령 기어츠가 묘사한 1950년대 인도네시아에서 닭싸움이 금지됐던 배경에는 이 풍습이 해방된 인도네시아의 발전과 근대화에 저해되는 것으로 보는 국가적 시선이 있었다. 그리고 미국 남부의 투견과 러스트 벨트의 비둘기 쏘기에는 '못 배우고 뒤떨어진 백인 루저들의 문화'라는 낙인이 강하게 찍혀 있었던 것이다.

하지만 지금까지 살펴보았듯이 '전근대성 대 근대성' 또는 '동물학대 대 동물에 대한 배려'라는 틀을 넘어 재조명했을 때 하나의 문화적 실천으로서 유혈 스포츠는 사실상 젠더·계급·정체성·권력의 문제임을 알 수 있다. 남성들의 동성사회적homosocial 심층놀이로서 발리의 닭싸움과 미국의 개싸움이 '남자다움'이나 '진짜 남자'를 향한 위신 경쟁과 인정 투쟁의 문화적 장이 된다면, 탈산업화된 러스트 벨트를 중심으로 근근이 이어지던 비둘기 쏘기라는 전통은 전 지구화 속에서 낙오된 백인 노동계급의 인종적·계급적 불만을 표상한다. 한편, 근세에서 근대에 이르는 서구에서 유혈 스포츠의 향유와 이에 대한 반발이 귀족 대 부르주아지 또는 구교도 대 신교도 사이의 계급 갈등 및 권력 다툼과 중첩됐다면, 20세기 초 미국 점령지에서 닭싸움을 금지한 일은 제국주의에 대항하는 민족주의를 자극했다.

그런 면에서 동물싸움의 시대착오적 외관 뒤에는 복잡한 현재적 의미가 스며들어 있다고 할 수 있다. 각각의 동물싸움은 시대에 뒤떨어진 것처럼 보이지만, 그런 인상이 사실상 가리고 있는 것은 '지금, 여기'의 불안과 불만인 것이다. 미국 남부의 투견 문화와 러스트 벨트의 비둘기 쏘기에는 변화에 대한 저항, 상실에 대한 보상심리, 외부인에 대한 강한 분노와 혐오가 도사린다. 이는 분명 지난 40년간 진행되어 온 전 지구적 자유무역 자본주의 속에서 탈산업화, 실업, 임금 정체를 겪고 삶의 풍요로움을 잃어버린 백인 중산층 및 노동계급의 현재를 반영한다.[12] 자본주의의 변화에 따른 사회경제적 지위 하락과 동시에 흑인민권운동과 여성해방운동의 여파로 인한 기존의 인종·젠더 질서의 변동 속에서 미국의 중하위층 백인 남성은 오랫동안 사회적 불만세력으로 성장해왔으며,[13] 이들의 존재감은 결국 2016년도 미 대선에서 트럼프의 승리, 2020년 대선에서 바이든과 트럼프의 경합 및 그 후 터진 의회 난입 사건을 통해 얼굴을 드러냈다.

그렇다면 한국의 소도시에서 벌어지고 있는 소싸움에서 우리는 어떤 현재적 의미를 읽을 수 있을까? 한국에서 소싸움은 반동적 사회집단이라기보다는 지자체가 주도하는 행사로, 정체성의 정치보다는 전통문화의 자원화라는 측면에서 벌어지나, 그 깊은 이면에는 수도권 중심의 발전 속에서 더욱 소외되어온 '지방'의 현재가 있다. 전통문화로 발굴돼 우리 앞에 재등장한 소싸움은 인구와 자원 및 자본의 소멸 속에서 살아남으려는 지방 정부의 전통문화 자원화라는 빈약한 대안으로 다가온다. 하지만 이제 전통문화라는 위치는 소싸움을 동물학대로 재규정하는 지역 주민들에 의해 도전받고 있으며, 여기서 소싸움을 둘러싼 현재적 불만을 확인할 수 있다. 에릭 홉스봄 Eric Hobsbawm과 그의 동료들이 말했듯이 전통은 내려오는 것이 아니라 만들어지는 것이고,[14] 굳건한 것이 아니라 언제나 흔들리고 있는 것이다. 그리고 그 흔들림 속에 한국 소싸움의 현재가 있지 않을까?

8

개고기 문화를
존중한다는 말

개고기 먹는 한국인

한국에서 이른바 '개고기 문화'는 크고 작은 국제 행사를 치를 때마다 꾸준히 국내외 이슈로 등장했다. 2018년 평창 동계올림픽도 예외가 아니었는데, 한 신문은 네덜란드의 스피드스케이팅 선수가 기자회견장에서 한국이 개들을 더 잘 대우해줬으면 한다고 말해 논란을 불러일으켰고, 미국의 한 스키 선수가 경기도의 어느 개농장에서 개 한 마리를 구출해 미국으로 입양했다고 보도했다.[1] 이 미국 선수는 『월스트리트저널』The Wall Street Journal과 인터뷰하며 한국에서 "믿을 수 없이 잔혹한 일들이 벌어지고 있음"을 토로했고, 그보다 앞서 한국의 유기견을 입양한 캐나다의 팀피겨 선수는 "가족처럼 지내는 개가 식용으로 이용된다는 데 충격을 받았"다고 전했다.

당시 이 기사를 접한 나는 '개고기 먹는 한국인'과 관련해 미국 유학 시절 겪었던 소소한 에피소드들이 떠올랐다. 당시 나는 세계 각지의 사람들이 한국하면 떠올리는 것이 한국전쟁도 경제발전이나 근대화도 값싼 가전제품도 아닌 바로 '개고기'라고 생각할 정도였기 때문이다.

내 개인적 경험에서 '개고기 먹는 한국인'에 관한 외국인의 인식은 종종 희극적으로 부풀려 있었다. 어느 날 아르헨티나에서 온 친구와 친구의 집 앞 벤치에서 담소를 나누던 중 우리 앞을 지나가는 고양이를 본 친구가 "너희 한국인들은 저것도 먹지?"라며 놀리던 장면이 아직도 생생하다. 하지만 이 일은 그보다 앞서 겪은 일에 비하면 대수롭지 않은 축에 속했다. 그 당시 나는 남아시아 지역을 연구하는 석사학위 과정 중으로, 네팔의 '인신매매' 이슈와 현지 여성단체들의 활동에 관한 논문을 준비하고 있었다. 주로 다수의 백인 미국인과 소수의 유럽인으로 구성된 세미나와 과외 모임에서 한국인인 나는 이중으로 낯선 존재, 즉 서구도 아니고 서구의 지적 호기심의 대상인 네팔에도 속하지 않은 제3의 존재였다. 그리고 그 '사건' 도 이 같은 미묘한 분위기 속에서 일어났다. 그날은 네팔에서 변호사로 일하며 펠로우로 잠시 미국에 와 있던 그 특별한 손님을 위해 모두가 돌아가며 자기소개를 하고 있었다. 내 차례가 돌아와 한국에서 온 누구누구라고 소개하자마자 듣게 된 말을 아직도 잊을 수 없다. 그녀의 말인 즉슨, 본인이 살고 있는 네팔의 어느 지역에 한국의 건설회사가 들어온 후 길거리를 주인 없이 배회하는 개들뿐 아니라 주변의 원숭이들까지 모조리 사라졌다는 내용이었다.

지금도 내가 그때 느낀 당혹감이 잊히지 않는다. 한국에서 개고기는 먹더라도 원숭이 고기는 먹지 않는다고 아무리 주장한다 한들, 식문화의 상대주의와 개고기의 세계사를 아무리 들먹인다 한들 당혹감은 충분히 해소되기 어려웠을 것이다. 나는 이미 그들에게 가족과 친구 같은 존재인 개·고양이를, 힌두교에서는 신과 같은 존재인 원숭이를 먹는 극히 낯설고 이질적인 문화의 구성원이었으며, 그렇기에 내가 어떤 말을 해도 그들과 나 사이의 미묘한 거리는 좀처럼 좁혀지지 않았을 테니 말이다.

한국의 개농장에서 개 한 마리를 구출했다던 미국 선수는 한국의 개고기 식용 문화에 대해 비난할 수는 없지만 개농장이 적절한 사육환경은 아닌 것 같다고 말했다고 한다. 네덜란드 선수단장은 앞서 논란을 일으킨 자국 선수를 대신해 선수가 동물을 사랑한 나머지 꺼낸 얘기였을 뿐이라며 자신들은 한국문화를 존중한다고 했다. 아마도 이들은 그 말을 하면서 자신이 문화상대주와 한국인의 문화적 주권을 존중하고 있음을 보여주려고 했을 것이다. 외교적인 이유에서든 또 다른 어떤 이유에서든 말이다. 하지만 여전히 이 말에는 해결되지 않는 모순이 그대로 남아 있다. 적어도 근대적 사고체계에서 사랑의 대상과 먹는 대상이 같을 수 없다는 사실. 그렇기에 나와 내가 사랑하는 동물을 먹는 이들 간의 거리가 문화상대주의, 문화적 다양성이라는 가치로는 쉽게 해소되지 않는다는 바로 그 점 말이다.

동물이 매개하는 계급적·인종적 타자성

동물이 매개하는 극단적 이질성과 타자성의 문제는 비단 개고기 이슈에만 국한되지 않고 역사의 여러 장면에서 발견된다. 로버트 단턴Robert Darnton은 널리 읽힌 자신의 저서 『고양이 대학살』에서 다음과 같이 말한다.[2]

> 동물을 학대하는 것이 '부르주아'에게 낯선 것이었던 만큼 애완동물을 키운다는 것은 노동자들에게 낯선 일이었다. 이리하여 병존할 수 없는 감수성 사이에서 함정에 빠진 고양이는 양측 세계 모두에서 최악을 맛보았던 것이다.

단턴은 애완동물이라는 새로운 근대 문화가 노동계급에게 여전히 낯설었다는 점과 지금은 동물학대로 명명될 만한 행위가 대중적 오락으로 존재했던 18세기 파리의 한 인쇄소에서 일어난 '고양이 대학살'을 논한다. 이 사건의 핵심은 요약하자면 인쇄소 주인의 애묘 '그리스'보다도 못한 취급을 받으며 불만과 분노가 쌓였던 인쇄공들이 그리스를 포함한 동네 모든 고양이들을 잡아다 무참히 죽임으로써 주인 부부 그리고 그들이 상징하는 부르주아 문화를 조롱하고, 더 나아가 자본주의라는 새로운 체제가 합리화하는 극심한 노동 착취에 반기를 들었다는 데 있다.

"주인들은 고양이를 사랑한다. 따라서 노동자들은 고양이를 증오한다."[3] 이는 당시 자신이 직접 겪은 일을 기록해 후대의 역사가들에게 중요한 사료를 남긴 인쇄소 노동자 니콜라 콩타Nicolas Contat의 말이다. 콩타는 견습공들이 특히 부당한 대우를 받았으며, 그들은 때로는 '동물처럼' 때로는 '물건처럼' 때로는 그보다 못한 대상이었다고 적었다.

물론 이 상황에서 애꿎은 고양이는 아무런 죄가 없다. 굳이 죄가 있다면 인쇄소 주인 부부로부터 극진한 사랑을 받았다는 것. 그렇기에 노동자들에게 고양이는 주인 부부의 권력, 부정의, 탐욕, 사치 등을 상징했던 셈이다. 그렇다면 여기서 고양이는 당시 부르주아계급과 노동계급 사이의 모순되고 부조리한 관계를 극대화하는 존재가 된다. 노동자에게 고양이는 귀엽고 사랑스러운 존재라기보다는 그들이 처한, 반半동물적이자 '동물보다 못한' 상황을 상기시켜줬으며, 심지어 그것의 원인이기도 한 대상이었다. 단턴에 따르면, 당시 유럽에서 고양이는 마력을 가진 존재로 여겨졌고 주인, 특히 여주인과 동일시됐다. 그러니 주인집 고양이를 제물로 삼는다는 것은 여주인, 더 나아가 그 집 전체를 공격하는 일과 같았다. 노동자의 고양이 학살은 부르주아를 공포감에 떨게 했고, 역설적으로 그들 자신의 '인간됨'을 주장하는 행위였다.

이처럼 동물은 인간 사이를 특정 방식으로 매개한다. 동물과 관계 맺는 방식에 따라 우리가 느끼는 타자와의 거리는 좁아지기도 하고 멀어지기도 한다. 20세기 초 가장 진보한 동물보호법을 제정한 나치 치하 독일에서 이른바 '코셔(유대식) 도살법'을 둘러싸고 벌어진 일련의 일들은 동물과 관계 맺는 방식에 따라 타자와의 거리가 좁히기 어려운 방향으로 나아갈 수도 있음을 보여준다. 코셔 도살법은 이슬람문화권에서 시행하는 할랄 도살법에 비견할 만하다. 살아 있는, 즉 몸에 아직 피가 흐르는 상태에서 취하는 것을 금지하는 유대교 전통에서 유래했기 때문이다. 20세기 초반에 코셔 도살법은 이 전통이 많이 세속화된 형태로 존재했다. 당시 시행됐던 코셔 도살은 날카로운 칼로 동물의 목 부위를 베어 출혈을 자극해 동물을 단번에 죽였고, 기도를 수반하는 전형적인 희생제의 형식을 띠었으며, 이 의례를 통해 희생된 동물은 신에게 바쳐진다고 여겨졌다. 하지만 코셔 도살법은 19세기 이후 출현한 유럽의 동물보호운동에서 새로운 문제로 부상했다. 19세기 말 영국의 왕립동물보호협회는 코셔 도살법이 너무 잔혹하다는 이유로 런던의 유대계사회를 비난했고, 20세기에 이르러서는 독일·스위스·스웨덴·노르웨이·이탈리아 등에서도 같은 이유로 이 도살법을 금지했다.

보리아 삭스Boria Sax에 따르면 이와 같은 상황은 히틀러가 이끄는 제3제국에 이르러 당시 독일사회에 무르익던 반유대주의와 결합하고, 유대인의 문화적 타자성을 걷잡을 수 없이 극대화하는 방향으로 작용하게 했다.[4] 코셔 도살법은 감정 없는 냉혈한들에게나 어울리는 잔혹성의 숭배 또는 의례화된 고문으로 여겨졌으며, 동물의 목을 따서 다량의 피를 내는 행위는 '흡혈귀'나 '기생충'으로서의 유대인이라는 오래된 반유대주의적 상상을 자극했다. 이 도살법은 특히 독일 민족의 순수성을 오염시킨다고 여겨진 유대인의 공존 불가능한 타자성을 더욱 도드라지게 하는 요소로 받아들여졌다.

나치가 공존 불가능하다고 규정된 타자를 처리한 방식은 그들의 '인간됨'을 철저히 박탈하는 데 집중됐다. 한나 아렌트 Hanna Arendt는 『전체주의의 기원』에서 나치가 죽음의 수용소로 이송하기 전 모든 유대인의 시민권과 국적을 박탈한 것에 대해 자세히 논한다.[5] 무국적자가 된 유대인들이 국가라는 정치 공동체로부터 추방되어 어떤 보호도 받지 못하게 된 상황은 '인권'을 인간이라면 당연히 가질 권리가 아닌 '국민의 권리' 또는 '권리를 가질 권리'로 다시 쓰는 계기를 만들었다. 아렌트에 따르면 정치적 구성원권이 박탈된 자는 단지 생물학적인 의미에서만 인간인 존재, 즉 그리스철학으로부터 이어져오는 서구의 관념적 전통 속에서 '동물과 같은' 존재였다. 그리고 이는 나치가 유대인들을 학살하기 전 취한 모든 과정에 상징적으로 기입됐다. 예를 들어, 유대인들을 죽음의 수용소로 이송하는 데 사용된 것은 가축운반차였고, 이들은 고유의 이름이 아닌 가축에 쓰이는 것과 같은 식별번호로 불렸다. 무엇보다도 죽음의 수용소는 미국의 계류장과 도축장을 본떠 만들어

졌다.[6]

근대 이후 동물보호운동의 발전과 동물에 대한 잔혹성의 금지 속에서 민중과 사회의 통치가 강화됐다면, 나치의 유대인 학살은 이와 같은 사회의 통치가 급격히 인종화된 양상으로 전개되고 타자의 이질성과 그로부터 보호해야 할 민족의 순수성이라는 이분법이 극단으로 치닫는 와중에 일어났다. 여기서 타자의 사회적 차이는 더 이상 교화, 통제, 관리의 대상이 아닌 제거와 절멸의 대상으로 존재했다.

포스트인종·포스트식민 시대의 '문화'

포스트인종postracial·포스트식민postcolonial° 시대에 타자의 이질성과 그것으로부터 오는 긴장감이 봉합되는 전형적 방식은 앞서 언급한 평창 동계올림픽의 개고기 논란 속에서 자국 선수를 대신해 사과하면서 '우리는 한국문화를 존중한다'고 말한 네덜란드 선수단장의 모습에서 찾을 수 있다. 20세기 이후 인종과 인종 담론은 식민주의체제가 막을 내리고 홀로코스트의 여파 속에서 차이를 구조화하는 틀이라는 유효성을 상실했다. 대신 차이와 이질성은 인종적 위계가 아닌 문화적 다양성과 다문화적 평등이라는 언어 안에서 수렴되기 시작했다. 지금 시대에 타자의 낯선 실천을 문화적 차이와 다양성이 아닌 옳음과 그름, 문명과 야만, 심지어 선과 악이라는 틀에서 재단하는 것은 낯선 일이거나 하지 말아야 할 일이 됐다. 그 속에서 한국이 개들을 더 잘 대우해줬으면 한다고 말하면서 한국의 잘못을 지적하는 듯한 네덜란드 선수의 말이 작은 소란을 일으킨다면 '우리는 한국문화를 존중한다'라는 말은 이를 잠재우기에 안성맞춤이다.

° '포스트인종'의 사전적 의미는 "인종주의와 인종차별적 편견이 더 이상 심각한 사회문제로 존재하지 않는" 것을 뜻한다. 그러나 실제로 이 말은 인종과 관련된 사회적 불평등이 여전히 만연하지만 더는 인종과 관계된 것으로 사고되지 않는 사회 분위기를 가리키는 데 쓰이기도 한다. '포스트식민'은 사전적으로 식민주의가 끝난 것을 뜻하지만, 실질적으로는 식민주의의 연속성을 가리키는 데 사용됐다.

하지만 전 지구화 속에서 '문화'가 처한 새로운 상황을 논하면서 아르준 아파두라이Arjun Appadurai가 지적했듯이, 인종 담론에 대한 대항마로 등장했던 문화 개념은 종종 특정 집단의 변치 않는 본질을 가리키면서 역설적으로 다시 "인종이라는 담론 공간" 안으로 미끄러져 들어갔다.[7] 20세기 초반 미국 인류학에서 프란츠 보아스Franz Boas가 문화상대주의 개념을 들고 나왔을 때 이는 차이를 위계 안에서 사고하던 제국주의적 지식인 인류학을 반인종주의적·평등주의적 지식으로 재창출하는 혁신과 다름없었다. 하지만 이후 인류학 안팎에서 종종 인종 또는 민족의 대체물이 돼버린 문화는 집단 내부의 동질성을 불가피하게 전제함으로써 그들을 고정되고 균질적인 실체로 본질화·물화하는 한편 내부의 차이 및 불평등을 무화하는 역할을 수행해왔다.° 즉, 지금 문화 담론이 처한 딜레마는 차이와 이질성의 긴장을 가장 간편하게 봉합하는 도구로 쓰이는 동시에 차이를 여전히 본질화·고착화함으로써 인종 담론의 유산을 반복한다는 데 있다.

20세기 후반, 새로운 인종·계급 담론으로서 문화의 등장을 보여주는 사례는 도처에서 찾을 수 있다. 그중 1980년대 이

° 인류학에서 '문화'는 고정된 실체가 아닌 유동적이고 변화하는 삶의 방식으로 정의된다. 하지만 릴라 아부-루고드가 지적했듯이,[8] 태생적으로 타자의 차이를 연구하는 인류학이 20세기 전반 (자의적으로든 타의적으로든) 문화의 인종화에 끼친 영향은 무시할 수 없다. 그리고 전 지구화 이후 인류학은 '문화' 개념의 이 같은 취약성에 대한 비판적 성찰 위에서 진행돼왔다고 해도 과언이 아니다.

후 급속한 신자유주의화 및 사회경제적 불안 속에서 성장해온 유럽의 극우는 문화 담론의 단골손님이다. 홀로코스트 이후 인종주의는 곧 악이라는 공식이 깊이 뿌리 내린 유럽에서 극우의 이민자 배척은 이질적인 문화들의 양립 불가능성이라는 새로운 언어에 기대왔다.[9] 이와 같이 생물학적 차이 대신 문화적 차이를 동원하는 이 시대의 배제 담론을 두고 에티엔 발리바르Étienne Balibar는 "인종 없는 인종주의"라 일컫는다.[10]

유럽 극우의 사례에서 문화가 이주민·난민의 배제와 추방을 위한 구실로 쓰인다면, 제이크 코섹Jake Kosek이 그린 세기말 미국의 뉴멕시코주 어느 작은 도시에서 문화는 인종적·계급적 박탈과 빈곤을 가리는 언어로서 작동한다.[11] 미국에서 가장 가난한 동네로 손꼽히는 뉴멕시코주 트루차스에는 스페인 점령기부터 이 지역에서 살았던 히스파노hispano°°들이 있다. 하지만 이곳의 대자연과 그 속에서 살아가는 멸종위기종 멕시코 점박이 올빼미Mexican spotted owls를 보호하기 위해 모인 백인 환경주의자들에게 이 커뮤니티는 자연 착취적이며, 그렇기에 '잘못된 문화와 전통'을 상징한다. 반대로 인종적 박탈과 빈곤의 대물림 속에서 산림에 생계를 의존할 수밖에 없는 히스

°° '히스파노'는 미국령이 되기 이전부터 현재 미국의 남서부 지역에서 몇 세기에 걸쳐 살아온 스페인과 멕시코계 후손들을 가리키는 용어다. 많은 히스파노가 뉴멕시코New Maxico 주에 거주하며, 앵글로색슨족이 중심이 된 미국에 선조들의 땅을 빼앗겼다는 민족적 정체성을 공유한다. 그런 의미에서 20세기 이후 중남미 국가에서 건너왔으며 스페인어를 구사하는 이민자를 뜻하는 '히스패닉'hispanic과 구분된다.

파노들에게 환경주의자들은 생존의 위협 그 자체이자 새로운 '앵글로색슨 인종주의'의 얼굴로 다가온다. 백인인 코섹이 현장연구를 위해 도착한 첫날 동네 이웃으로부터 받은 총격의 위협은 이 지역에서 계급적·인종적 박탈감과 분노가 어떤 수준으로 도사리고 있는지 보여준다.

'복날'의 번역 불가능한 잔혹성을 넘어서

평창 동계올림픽의 '개고기 논란'은 포스트인종·포스트식민 시대의 문화와 문화상대주의 그리고 그 상상력이 가진 한계를 고스란히 드러낸다. '우리는 한국문화를 존중한다'는 한국 상황에 대한 외국 선수의 '주제넘은' 간섭이라는 불쾌감을 일시적으로는 잠재울지 몰라도 지금 한국에서 개고기가 가진 복잡성은 삭제해버린다. 동계올림픽 폐막식이 열린 스타디움 근처에서는 국내 동물보호단체 회원들에 의한 개고기 식용 반대 퍼포먼스가 벌어졌으며, 동물보호운동과 반려문화가 발전하면서 국내에서도 개식용에 비판적 여론은 꾸준히 성장했다. 그런 면에서 한국에서 이 문제는 이미 서구 대 비서구 또는 문화적 차이라는 틀을 넘어선 지 오래지만, 여전히 해외에서 활동하는 동물단체 중에서는 한국의 식용견 문제를 꾸준히 문화적 문제로 재현하려는 경향이 발견된다.°

그중 한 예로 앞서 언급했던 HSI의 '복날 캠페인'을 들 수 있다. 여름이 되면 이 단체의 SNS 계정에는 한국의 복날에 수많은 개들이 도살된다는 짧은 설명과 함께 죽기 전 개들의 처

° 물론 국내 동물단체와 마찬가지로 해외 동물단체의 식용견 반대 캠페인은 일차적으로 개의 살 권리와 개를 (먹지 않고) 보호할 인간의 책임을 일깨우는 데 집중한다. 하지만 그 과정에서 유독 도드라지는 것은 개고기를 먹는 한국인과의 문화적 차이다.

참한 모습이 올라온다. 이 포스팅에서 복날이라는 한국어는 'Bok Nal'로 로마자화되어 표기되며, 이는 복날의 언어적·문화적 번역 불가능성을 강조한다. 'Bok Nal'은 아시아의 어딘가에 존재하는 이국적이고 잔혹한 풍습의 이름이 되며, 여기서 잔혹성은 문화화·인종화된다. HSI의 캠페인은 복날이라는 '잘못된 문화'에 대한 분노와 혐오 그리고 그 속에서 희생양이 된 개들에 대한 연민과 안타까움을 자극하고, 이 문화를 시급히 중단시켜야 한다는 서구의 (식민주의 후) 식민주의적 감수성에 호소한다. 그럼으로써 마치 이 상황은 억압적인 유색인종 남성으로부터 희생되는 유색인종 여성을 구해야 한다는 19세기 서구의 식민주의·제국주의적 권력 담론[12]을 전 지구화된 현 세상의 인간-동물 종간inter-species 관계 안에서 재재생한다. 다시 말해 이 맥락에서 비서구의 동물은 식민주의적 구원의 대상인 유색인종 여성으로 인종화된다.[13]

페미니스트 인류학자 릴라 아부-루고드Lila Abu-Lughod는 9·11 이후 미국에서 탈레반 정권의 이슬람 근본주의로부터 아프간 여성들을 구출해야 한다는 목소리[○14]가 울려 퍼진 것을 두고 타자의 상황에 대해 역사적·정치적 관점 대신 '문화 프레

○　아부-루고드는 이를 아프가니스탄에 대한 미국의 군사적 공격을 도덕적으로 정당화하는 '식민주의적 페미니즘'colonial feminism이라 명명하고, 이것이 '서구에 의해 구출해야 할 무슬림 여성'이라는 상을 전유하던 19세기 서구 식민주의의 연속성에서 벌어지고 있음을 이야기한다.

임'을 통해 접근하는 것은 '우리'와 '그들'이 어떤 역사적 관계와 불평등 속에서 연결돼 있는지를 설명하는 대신 다시 '서구 대 이슬람'이라는 상상된 단절을 자극하고, 그럼으로써 식민주의 역사를 반복할 뿐이라고 말한다. 물론 해외 동물단체의 복날 반대 캠페인을 이 상황과 정확히 등치시킬 수는 없지만 그럼에도 우리는 차이를 물화하는 그 어떤 시도에도 질문할 필요가 있다. 동물단체들의 활동은 한편으로 인간과 비인간이 연결되어 있음을 강조하고 이에 호소하는 방식으로 진행된다. 하지만 그 과정에서 잔혹성을 문화화하고, 집단 간 단절과 극단적 타자성을 부각시키는 일은 어떤 혐오와 불평등을 (재)생산하는가? 타자의 차이를 해소 불가능한 이질성으로 환원하는 것은 어떤 상징폭력이 되는가? 마지막으로 시공간을 초월해 존재하는 번역 불가능성은 가능한가?

9

퓨마의 죽음에
쏟아진 애도

퓨마가 남긴 질문들

2018년 9월, 대전의 한 동물원에서 퓨마 한 마리가 열린 우리 밖을 나갔다가 죽음을 당했다. 담당 사육사가 오전에 우리를 청소한 후 실수로 열어놓은 문 사이로 나간 퓨마는 동물원 인근 야산에서 발견되어 마취총을 맞았으나 마취가 제대로 되지 않은 상태로 근처를 배회했다. 그 사이 주민들은 외출 자제와 보문산 입산 금지를 알리는 재난 문자를 받았고, 끝내 퓨마는 밤 9시 40분경 동물원 안에서 발견되어 사살됐다. 죽은 퓨마는 2010년 서울동물원에서 태어나 대전의 해당 동물원으로 보내진 60kg의 암컷 '뽀롱이'로 알려졌다.

이후 청와대 국민청원 게시판에는 동물을 적절히 보호하지 않는 동물원을 폐지해야 한다는 청원·관리에 소홀했던 사육사나 퓨마를 사살한 관계자들을 처벌해야 한다는 청원, 죽은 퓨마를 박제하지 말아달라는 청원 등이 올라왔다. 적절성 여부를 떠나 이와 같은 청원들은 저마다 퓨마의 희생이 정당했는지에 관해 문제제기를 한다. 좁은 우리 안에 갇혀 사는 퓨마가 호기심에 우리 밖을 나선 것은 당연하지 않은가, 사람을 잘 해치지 않는다고 알려진 퓨마를 생포하기 위해 더욱 힘을 썼어야 했던 것은 아닌가, 사람의 실수로 우리 밖을 나오게 된 퓨마의 생명을 앗아간 것은 과연 정당한 것인가, 야생동물을 구속하는 동물원은 더 이상 존속할 수 없는 것 아닌가와 같은 많은 질문이 쏟아졌다.

퓨마 사건은 큰 사회적 주목을 받은 만큼이나 즉각적이고 진지한 사유의 필요성을 제기한다. 어떤 사건이 발생할 때 우리는 종종 어떻게 해야 그런 일이 재발하지 않을까에만 초점을 둔 채 사건을 둘러싼 사회적 반응이 무엇을 의미하는지에 대해서는 소홀하다. 하지만 죽은 퓨마는 왜 그토록 많은 사회적 관심과 연민의 대상이 됐는가? 관심과 연민은 어떤 사회적·문화적 맥락에서 비롯되는가? 미디어에서 종종 등장한 "퓨마는 죽어서야 자유를 찾았다"[1]는 말은 무엇을 의미하는가? 퓨마의 죽음이 '희생'으로 표현될 때 그것은 무엇에 대한 희생인가? 더 나아가 야생동물이 동물원이 아닌 야생에서 살아야 한다고 주장될 때 야생은 어떤 공간으로 상상되는가? 퓨마의 죽음에 대한 다양한 반응은 우리가 희생·야생·자유·억압을 어떻게 상상하는지 그리고 타자의 고통과 죽음에 어떻게 반응하고 반응하지 않는지를 구체적으로 묻게 한다.

희생의 상상력

인류학에서 희생의례는 신에게 희생물을 바치는 집합적 행위를 가리키며, 이는 일반적으로 농경목축 사회의 특징으로 이야기된다. 대개 신은 부족의 창시자 또는 가축과 풀밭을 물려준 조상을 의미했고, 사람들은 이 초자연적 존재에게 그들이 풍족히 먹고살 수 있게 해준 것에 대한 보답으로 희생물을 바쳤다. 이때 희생물은 보통 집에서 기른 가축 또는 작물이어야만 했다.

희생물을 받는 초자연적 존재, 희생물을 바치는 인간, 희생물이 되는 동물과 식물 사이에는 하나의 수직적 위계가 성립됐다. 농경목축 사회에서 인간은 비로소 자연에 대한 상대적 통제력을 행사하고 가축과 작물이라는 '제2의 자연'을 생산하기 시작했지만 자연을 완전히 제어할 수 있게 된 것은 아니었기에 자신보다 위에 있다고 간주된 초자연적 존재에 기댈 수밖에 없었다. 이 같은 위계 속에서 인간은 신으로부터 공동체의 영속성을 담보받기 위한 행위로서 그 자신의 대체물로 간주되는 희생물을 바쳤으며, 여기서 인간과 희생물 사이에 존재하는 동일시는 조르주 바타유George Bataille가 희생을 '포기하고 또 주는 것'이라고 말한 이유를 이해하는 데 도움이 된다.[2]

하지만 역사상 존재했던 모든 사회에서 희생의례를 행한

것은 아니다. 농경목축 사회에서와 달리 수렵채집 사회에서 인간-동물, 인간-초자연 관계는 훨씬 더 직접적이고 수평적이었으며, 따라서 그 어떤 것도 희생되지 않았다. 사냥된 동물의 육체는 인간이 먹고 나면 비록 사라졌지만 그 영혼은 하나도 다치지 않고 초자연의 세계로 돌아가 동물의 형상을 한 후에 다시 인간과 만난다고 여겨졌다. 마르셀 에나프Marcel Hénaff는 수렵채집 사회에서 동물이 인간의 '대등한 협력자' 또는 '동맹'으로 여겨졌다고 이야기한다.[3] 이 사회에서 동물은 보통 정령이거나 정령과 관계된 것으로, 동물 사냥은 그 정령들에게 경의를 표하며 잡혀달라고 협상하고 또 잡힌 것에 감사하는 행위였다. 아메리카 북서 해안에서 연어 낚시를 하며 살던 콰키우틀Kwakiutl족은 '연어족'에게 다음과 같은 기도를 바치기도 했다.[4]

어서 오렴, 헤엄아! 고맙구나. 네가 우리의 멋진 고장으로 돌아오는 계절을 다시 맞게 됐구나. 헤엄아, 네가 돌아오는 것은 내 낚시도구와 놀기 위해서지. 이제 집으로 가서 네 친구들에게 말하렴, 얼마나 운 좋게 여기까지 왔는지. 그들에게 말하렴, 나에게 풍요함을 가져다주라고. 나도 그걸 누릴 수 있게 말이야, 헤엄아! 그리고 내 몸의 병을 모두 가져가다오. 친구야, 초자연적인 존재인 헤엄아!

농경목축 사회와는 비교할 수 없을 정도로 자연과 생명에 대한 기술적 통제를 획득하게 된 현대 자본주의사회는 수렵채집 사회와 정반대의 의미에서 '희생하지 않는 사회'다. 농경목축 사회가 '가축'을 생산했다면, 자본주의사회는 각각 용도가 다른 축산동물·반려동물·실험동물·전시동물 등을 대량생산해왔다. 공장식 축산은 사료·항생제·살균제·성장호르몬 등을 통해 생산성 강화에 주력하고, 반려동물 산업은 이른바 '순종'의 선별 및 다량 생산에 초점을 두며, 세계적으로 매해 생산되는 실험동물의 수는 엄청나다. 자본주의사회에서 동물은 그 자체로 자본주의적 생산물로 존재하며, 이는 크게 카우시크 순데르 라잔Kaushik Sunder Rajan이 명명한 '생명자본'bio-capital이라는 맥락 속에서 일어난다.[5] 라잔은 자본주의의 총아로 부상한 생명공학이 생명을 통해 이윤을 창출하고 이 속에서 과학기술 정보와 인간, 동물의 생체물질 등이 자본의 주요 대상이 되는 현상을 생명자본이라 일컫는다. 생명자본 시대에 동물은 더 이상 희생되지 않고 살처분된다. 즉, 이제는 일상이 돼버린 구제역, AI 등에 의한 동물의 대량 살처분에서 농경목축 사회에서와 같은 인간과 동물 간 '희생적 관계'는 찾아보기 어렵다.

하지만 전통적 의미의 희생이 사라진 시대에 어떤 죽음이 여전히 희생으로 불린다면 그것은 무엇에 대한 희생을 뜻할까? 근대 이후, 자본주의사회에서는 전근대와 농경목축 사회에서 흔히 볼 수 있던 고통과 죽음에 대한 공동체적이고 사회적인 의미가 더 이상 존재하지 않는다. 대신 현대사회에서 지배적인 공리주의적 관점에서 고통과 죽음은 '불가피한 것'과 '불필요한 것'으로 나뉘고,[6] 전자가 전체의 안전과 진보라는 측면에서 허용된다면 후자는 '생명의 존엄성'이라는 측면에서 비난받는다.[7] 그리고 바로 이 맥락에서 동물원을 탈출한 퓨마의 사살은 불가피함과 불필요함 사이를 오가며 우리의 마음을 어지럽힌다. 이 죽음을 불가피한 것으로 보는 입장이 통제되지 않은 퓨마가 더 큰 화를 가져올 가능성을 전제로 한다면, 이 죽음을 불필요한 것으로 보는 입장은 퓨마도 존중받아야 할 생명임을 강조한다. 전자의 맥락에서 퓨마는 사회의 안전을 위해 희생됐다고 간주된다면, 후자의 맥락에서 희생된 것이 있다면 그것은 사사화된, 순수 생명 그 자체이며 이는 불필요함과 잔인함이라는 감정, 더 나아가 연민을 자극한다.

야생의 상상력

동물원 밖을 나왔다가 사살된 퓨마의 이야기는 한편 동물원이라는 공간의 부자연스러움에 사람들의 이목을 집중시키고 퓨마와 같은 야생동물이 있어야 할 곳은 몇 평 남짓한 우리가 아닌 저 멀리 존재한다고 상상되는 '야생'이어야 할 것만 같은 안타까움을 불러일으킨다. 하지만 환경사학자 윌리엄 크로넌 William Cronon은 "인간의 접촉이 없는, 역사 이전의, 순수한 자연"으로서 야생이라는 지배적 관념은 서구의 독특한 구성물일 뿐임을 상기시킨다.[8] 현실적으로 이와 같은 공간은 남아 있지 않을뿐더러, 서구에 의해 순수한 자연으로 간주되던 공간 역시 오랜 인간노동 또는 인간-비인간이 상호작용한 산물이었을 뿐이다. 하지만 순수한 야생의 상상력과 그것을 추구하는 일은 근본적으로 비서구사회의 존재를 무화하거나 배제하고 더 나아가 말살하는 방향으로 나아갔다.[09] 즉, 인간에 의해

○ 예를 들어, 야생의 대표 상징인 미국 캘리포니아의 요세미티 계곡을 '재야생화'하는 과정은 원주민들의 강제추방을 수반했으며, 그 결과 캘리포니아에 거주하는 원주민 인구가 반세기 동안 25만 명에서 1만 6,000명으로 감소했다.
환경보전을 위해 인간적 요소를 제거해야 한다는 당위성은 여전히 현재진행형이며, 여기서 인간적 요소는 크게 "인위생성적 자연"까지 포함한다. 인류학자 파올로 보치 Paolo Bocci는 최근 에콰도르의 갈라파고스섬에서 토종 거북이들을 멸종위기로부터 보호한다는 명목하에 대대적으로 진행된 야생 염소 박멸작전을 이야기한다.[10] 17세기 이후 해적과 정착민들과 함께 섬에 들어오기 시작한 염소는 20세기 중반 이후 급격히 야생화됐고 이는 토종 거북이들이 생존하기 어려운 생태환경을 야기했다. 이를

때 묻지 않은 순수한 자연 그 자체라는 상상은 근대 서구의 관념적 산물인 자연/문화 이분법에서 출발하며, 이는 비서구 지역으로의 제국주의적·식민주의적 팽창 속에서 인종주의적 폭력을 수반하며 더욱 강화돼왔다.

제이크 코섹은 원주민을 강제로 추방하거나 말살한 자리 위에 앵글로-색슨족을 위한 국가를 세우려고 했던 미국의 초기 역사에서 야생이라는 관념이 사실상 인종적 순수성과 오염됨이라는 우생학적 상상력에 의해 추동됐음을 지적한다.[11] 예를 들어 서부 개척은 흑인 자유민, 중국인 노동자, 멕시코인 목동들sheepherders에 의해 공동으로 생산됐다는 점을 완전히 배제한 채 '백인에 의한, 백인만을 위한 국가'로서 미국이 등장했음을 알리는 상징이었고, 요세미티국립공원으로 대변되는 미국적 대자연을 창출하는 과정은 종종 이민에 의한 인종적 오염으로부터 국가의 생물학적·신체적 순수성을 보호하고 유지하는 일과 병치됐다.

따라서 미국의 역사에서 순수한 자연의 상상력 또는 '재야생화're-wilding라는 기획은 종종 인종적 위계와 계급적 특권의 재생산이라는 문제와 깊이 얽혀 있으며, 이는 뉴멕시코 같은 지역에서 현재까지 이어지고 있는 백인 환경주의자와 히스파노계 현지 주민 및 활동가들 사이의 오랜 갈등과 반목의 역

시정하기 위해 시행된 박멸작전에서 20만 마리가 넘는 야생 염소가 희생됐다.

사적·사회적 배경이 된다. 코섹은 원주민을 포함한 다른 인종 집단의 존재를 자연의 순수성을 더럽히는 오염 요소로 간주한 초기 환경주의자들의 인종주의적 유산이 환경정의와 사회정의 사이의 균형 대신 환경정의를 최우선시하는 백인 환경주의자들의 비타협주의에 침윤되어 있음을 보여준다.[12]

'야생 담론'을 강하게 이끄는 것은 '정화purification의 의지'이며,[13] 이는 인간-비인간, 사회-자연 관계를 일종의 억압·가해·파괴의 관계로 표지하는 동시에 여기서 오염 및 유해물질로 간주된 인간적 요소를 최대한 제거하고자 한다. 따라서 정화는 사실상 인간 권력으로부터의 완전한 분리 또는 자유를 의미한다. 앞에서 언급한 야생동물의 자리는 그들을 억압하는 동물원이 아니라 야생이어야 한다는 믿음, 동물원 밖을 나왔다가 사살된 퓨마를 보며 퓨마가 '죽어서야 자유를 얻었다'라는 표현은 그와 같은 상상을 구체화한다. 하지만 글로벌 생물다양성biodiversity 담론과 그 실제는 야생동물을 '야생으로 돌려보내는' 과정에서 인간적·사회적 요소를 완전히 배제하는 것이나 그것에서 완전히 자유로운 '야생 만들기'가 궁극적으로 실현 불가능한 일임을 보여준다. 대신 야생동물의 재야생화 과정은 어떤 방식의 인간-동물 관계 및 인간적 요소는 최대한 제거하고 동시에 어떤 방식은 (재)기입하는 과정이 된다.

가령 인도네시아의 보르네오와 수마트라에서 오랑우탄, 특히 새끼 오랑우탄은 사냥과 밀렵, 이외의 다양한 원인의 결과로 마을 주민들에게 펫으로 거래되고 입양된다. 야생동물을 사적으로 소유하는 일은 불법이기에, 마을 내 새끼 오랑우탄은 발견 즉시 인도네시아 당국에 의해 몰수되고 오랑우탄 자활센터로 보내진다. 현지의 자활센터들은 대부분 글로벌 북반구로부터의 재정적 지원을 받아 운영되며, 이곳의 궁극적 목표는 새끼 오랑우탄이 야생, 즉 숲으로 돌아가 자립할 수 있는 능력을 키워주는 데 있다. 자활센터에서의 돌봄은 마을에서의 돌봄과 실제로 크게 다르지 않지만, 서구의 자연주의적 이분법에 기반해 오랑우탄과 인간 사이의 종간 분리를 추구한다는 점에서 마을에서와 달리 바람직하고 이상적인 돌봄으로 간주된다.[14] 하지만 실제 현실에서 오랑우탄의 완전한 자립과 분리가 언제나 가능한 것도, 가장 좋은 결과로 귀결되는 것도 아니다. 어떤 오랑우탄은 센터에 계속 남게 되며, 숲으로의 귀환이 오랑우탄의 온전한 자립과 생존을 보장하지도 않는다.

리아나 추아Liana Chua가 정확히 지적하듯이, 위 상황은 오히려 멸종위기종을 보호해 생물다양성을 유지한다는 당위성 속에서 새로운 위계와 권력이 출현하고 작동하는 과정을 보여준다.[15] 즉, 야생동물을 야생으로 돌려보내기 위한 과정은 어떻게 설명되며, 그것은 누가 결정하는가? "누가 돌봄의 권한을 가지며, 누구의 돌봄이 바람직하다고 인정"받는가?[16] 이 질문들은 야생동물의 재야생화가 인간과 동물의 완전한 분리 대신 특정 방식의 인간-동물 관계를 바람직한 것으로 정의하고 그 외의 것들을 바람직하지 않은 것으로 낙인찍고 규제한다는 점을 보여준다. 그 결과 제거해야 할 대상으로 간주되는 것은 '모든' 인간적 요소가 아닌 특정한 인간적 요소(예를 들어 오랑우탄을 집에서 키우는 현지 주민들, 생물다양성의 중요성에 대한 사회적 무지 등)다. 따라서 야생동물의 자립과 자유라는 문제는 권력의 부재가 아닌 특정한 유형의 권력('돌봄'으로서의 그것)과 그 개입을 요구한다.

순수한 희생양에 대한 연민

미리엄 틱틴Miriam Ticktin에 따르면, 우리 시대의 전 지구적 연민의 정치에서 '동물'은 가장 대표적인 아이콘이 되고 있다.[17] 2013년에 개최된 글로벌 기부 콘테스트에서 1위에서 4위까지 모두 동물구호사업이 차지했고, 멸종위기종의 보호는 기후변화라는 문제와 맞물려 가장 주목받는 사안이 됐으며, 2010년 아이티 대지진과 2011년 동일본 대지진 이후 재난 속 동물 구호는 새로운 사회적 당위성을 띠고 등장 중이다. 동물이 대표적인 인도적 구호 대상의 하나로 등장하게 된 배경에는 '순수함', '취약함', '무력함'이라는 관념적·미학적 특징이 존재하며 많은 이들이 지적했듯이 이는 구하고 돌봐야 한다는 감수성을 강하게 자극한다.° 따라서 당연하게도 동물구호사업에서 대상 동물들은 엄청난 고통과 곤경 속에 빠진 순수한 희생양이자 즉각적인 보호와 돌봄의 대상으로 재현된다.[20]

° 예를 들어 귀여움의 미학에 관해 논한 문화이론가 시엔 응가이Sianne Ngai는 여기서 핵심이 무력함의 미학이라 할 수 있으며, 눈앞에 놓인 대상이 무력하고 취약해 보일수록 또는 심각한 곤경에 빠진 것처럼 보일수록 보는 이의 보호 욕구를 자극한다고 말한다.[18] 세계적인 동물 구조와 그 재현의 미학도 여기서 예외가 아닐 것이다. 하지만 역사상 동물이 언제나 순수한 희생양 또는 보호 대상으로 존재한 것은 아니었다. 틱틴은 동물이 중세 유럽과 독립 이전의 미국에서는 법인격legal personalities을 가진 존재로 취급되어 재판을 받고 처형당하기도 했다고 언급하면서, 동물에 대한 관점의 변화가 세속주의의 등장(그리고 동물, 어린아이도 포함하던 원죄 관념으로부터의 멀어짐)과 관련 있음을 지적한다.[19]

하지만 이 같은 연민은 골고루 분배되지 않을뿐더러 종종 현실의 수많은 다른 고통과 불평등이 생산되는 더 큰 사회적 구조에도 무관심하다. 같은 비인간 동물이더라도 2020년 호주 산불 속 코알라는 전 지구적 관심을 받지만 일상적으로 벌어지는 공장식 축산과 동물실험은 그 관심을 비껴간다. 같은 맥락에서 어떤 이동의 자유는 보장받지만 어떤 이동은 철저히 봉쇄된다. 가령 두 번째 인티파다intifada°°의 정점에서 이스라엘이 팔레스타인 자치 구역인 서안지구와의 사이에 쌓아올린 분리 장벽과 트럼프 정부하에서 더욱 주목받았던 멕시코-미국 장벽은 각각 팔레스타인인들과 중남미에서 올라온 '카라반'의 이동을 원천봉쇄하기 위한 장치지만, 고슴도치, 오셀롯 등의 야생동물들이 자유롭게 지나다닐 수 있도록 배려한 생태통로가 곳곳에 설치돼 있다.

여기서 핵심은 인간의 생명이 동물의 생명보다 더 귀중하게 여겨져야 한다거나 우리가 세상의 모든 인간·비인간 고통에 골고루 관심을 가져야 한다는 것이 아니다. 그보다는 왜 어떤 고통·죽음·부정의·불평등은 불가피하거나 당연한 것으로 여겨지고 왜 어떤 것은 불필요하고 잔인한 것, 따라서 폭발적

°° '인티파다'는 아랍어로 봉기·반란 등을 뜻한다. 첫 번째 인티파다는 1980년대 후반에서 1990년대 초반 이스라엘군 차량에 의해 팔레스타인들이 치어 숨진 것을 계기로 일어났다. 두 번째 인티파다는 2000년대 초반 당시 이스라엘 총리가 이슬람 사원을 도발적으로 방문한 후 촉발됐으며, 이후 이스라엘의 강경진압과 팔레스타인에 의한 테러가 반복됐다.

인 연민의 대상이 되느냐일 것이다. 인간 가족과 달리 동물 가족은 분리되면 안 된다고 주장하며 야생동물을 위한 생태 통로의 설치에 큰 역할을 했던 이스라엘의 생태학자들[21]에게 고향을 잃은 팔레스타인인의 사회적 고통은 왜 불가피하다고 여겨지는가? 터키 해안가에서 발견된 세 살짜리 시리아 난민 알란 쿠르디의 모습은 세계 시민의 심금을 울리지만 매일 세계 곳곳에서 국경을 넘다가 부상당하거나 죽는 수많은 난민과 이주민의 존재는 왜 동정은커녕 혐오의 대상이 되는가?

틱틴이 지적하듯이, 순수한 희생양에 대한 이 시대의 집착은 현실의 복잡성과 불평등의 역사구조를 비가시화하고 고통과 희생을 차등화한다.[22] 따라서 퓨마의 죽음과 그것에 쏟아진 사회적 반응이 어떤 질문을 남긴다면 그것은 야생동물보호와 동물원의 존속 여부에 국한되지 않는다. 이 상황은 지금 한국에서 누가 연민과 애도의 대상이 되고 누가 그렇지 않은가라는 질문을 제기하기 때문이다. 우리의 감정은 어떤 고통과 죽음에는 움직이며 어떤 고통과 죽음에는 움직이지 않는가? 다양한 혐오의 대상이 미디어와 SNS를 통해 일상적으로 생산·재생산되고 있는 지금의 한국사회에서 동물원 밖을 나갔다가 사살된 퓨마에 쏟아진 연민과 애도의 물결은 아마도 그것이 위치한 바로 그 사회적 상황 때문에 더 도드라져 보이는 사건이 된다. 무엇이 우리로 하여금 퓨마의 희생에는 즉각적으로 반응하게 하고 다른 희생에는 무감각하게 만드는 걸까?

10

고통의 이미지 속 타자

고통의 목격자 그리고 묻지 않는 질문들

언젠가부터 한국에서 동물의 고통은 사회적 공론화의 주제로 심심치 않게 등장해왔다. 반려동물 방치부터 길고양이에 대한 해코지, 실험동물에 대한 학대, 유기동물 안락사까지 최근 몇 년간 수많은 사건이 우리의 이목을 집중시켰다. 그중 몇 해 전 "돼지망치살해사건"이라는 제목하에 경상남도 사천에 위치한 한 돼지 농장에서 새끼 돼지 수십 마리가 죽임당하는 영상이 언론과 SNS에 공개돼 큰 파장을 일으켰다. 해당 농장은 병이 있는 돼지들을 도태한 것이라 주장했지만, 영상을 촬영하고 유포한 동물단체들은 상품성이 떨어지는 돼지를 죽이는 행위가 해당 농장에서 일상적이었다고 폭로했다. 단체들은 현행 동물보호법에서 동물을 잔인하게 죽이는 행위, 같은 종의 동물이 보는 앞에서 죽이는 행위가 금지되어 있다는 점을 근거로 해당 농장을 동물보호법 위반으로 고발했다고 한다.

　어느 저녁 아무 생각 없이 인터넷에 들어갔다가 이 영상을 보게 된 내 눈앞에는 빨간 고무장갑을 끼고 흰 장화를 신은 한 남성이 좁은 통로에 겹겹이 널브러져 버둥거리는 새끼 돼지들을 망치로 내려치는 장면이 펼쳐졌다. 하필 나는 그때 프로슈토prosciutto°가 들어간 샌드위치를 먹고 있었고, 영상의 오디오

○　돼지 뒷다리로 만든 이태리식 햄을 말한다.

는 꺼져 있었지만 마치 새끼 돼지들이 신음하는 소리가 들리는 것만 같았다. 그리고 사체들 사이로 흥건한 붉은 피가 보이는 순간 나는 황급히 페이지를 내려버렸다.

여기서 동물단체는 고통의 상황을 직접 목격하고 그 상황을 영상에 담아 공개함으로써 제3의 목격자를 양산하는 일을 한다. 동물보호의 역사에서 '목격함'이라는 행위와 '목격자'라는 정체성은 실로 중요한 비중을 차지해왔다. 지금과 같이 인터넷과 영상 기술이 발달하지 않았던 19세기에 동물단체들은 잡지와 뉴스레터를 종종 활용했는데, 1868년 미국의 메사추세츠동물학대방지협회The Massachusetts Society for the Prevention of Cruelty to Animals가 발행한 뉴스레터 '우리의 말 못하는 동물들'Our Dumb Animals이 대표적이다.[1] '스스로 대변할 수 없는 동물들을 대변한다'라는 모토 아래, 뉴스레터에 실린 글들은 동물학대 현장을 직접 목격한 인도적 관찰자의 시선에서 쓰였다. 협회는 동물학대를 고발하고 일반 대중을 계몽하겠다는 명목하에 뉴스레터를 교회·학교·호텔 등지에 무료로 보급했고, 그 결과 폭넓은 독자층을 짧은 시간 안에 형성했다.

인도의 동물권 활동가들에 대해 연구한 나사르기 다베Nasargi Dave는 말 못하는 존재의 고통을 목격하고 대변하는 이들의 행위를 '동물-되기'becoming animal라는 개념으로 설명한다.[2] 동물권 활동가들의 일상은 현장의 살아 있는 고통을 마주하고 목격자로서의 책임을 다하는 것으로 채워진다. 이 과정에서 그들은 단순히 관조적 관찰자에 머무르는 게 불가능할 뿐 아니라 자신이 목도한 고통에 압도되고 그럼으로써 모종의 취약함에 빠질 수밖에 없다. 목격자로서 동물권 활동가는 눈 앞에서 벌어지는 동물의 고통을 함께 나누는 상황에서 자신 이 마치 그 '동물이 됨'을 느끼고 이는 문제의 고통을 중단시키 기 위해 끊임없이 지속적으로 무언가를 하지 않으면 안 되는 상황, 즉 정신적·신체적 '쉼 없음'의 상황으로 이어진다. 다베 가 인터뷰한 한 활동가는 자신이 활동을 절대 쉴 수 없도록 도 살장이 차라리 집 옆에 있었으면 한다고 말한다. 누군가의 고 통을 목격하는 일은 문제 상황에 개입할 필요성을 만들 뿐 아 니라 고통받는 존재와의 강력한 연결됨 속에 목격자를 묶어둔 다.

영상을 찍어 공유한 단체들의 행동은 바로 그와 같은 맥락 에서 이해 가능하다. 단체들은 죄 없는 새끼 돼지들이 잔인하 게 죽임당하는 상황을 목격하고 사회적으로 공론화함으로써 이 상황에 개입하고자 한다. 더 나아가 고기 이전에 생명체로 서 돼지가 겪는 고통과 돼지가 고기가 되어 식탁 위에 올라오 는 과정 뒤에 가려진 잔혹한 현실을 고발한다. "돼지망치살해 사건"이라는 제목은 이 상황을 식용동물과 도살이라는 당연 시되는 관계를 넘어 재정의할 것을 주문한다. 아무리 궁극적 으로는 도살되어 고기가 될 식용동물이더라도 잔인한 폭력의 대상이 되어서는 안 된다는 것이다.

그러나 동시에 영상은 모든 이미지가 그렇듯 그 의도를 초과하는 내용도 전달한다. 영상은 끔찍하다는 느낌을 자극하고, 마침 내 입 안에 있던 고기의 맛을 날려버렸지만 그게 전부는 아니었다. 영상은 화면 속 유일한 폭력의 수행자인 남성의 존재를 어떻게 볼 것인가라는 질문을 던졌던 것이다. 새끼 돼지들의 고통과 남성의 행위는 당연히 직결될 수밖에 없다. 그럼에도 왠지 이 영상이 전달하는 잔인함 자체로 그를 환원시키면 안 될 것 같았다. 영상은 새끼 돼지들에게 가해지는 폭력에 온전히 집중하라고 요구했지만, 얼굴 없는 노동자의 존재는 그 프레임 속에 완전히 수렴되지 않은 채 또 다른 정동을 불러일으켰던 것이다.

　　남성은 애초에 어떤 상황 속에서 그 '행위'를 하게 된 걸까? 그가 하던 작업은 이른바 '3D' 노동으로 불리며 사회적으로 기피되는 일 아니던가? 물론 영상을 올린 동물단체들이 동물학대로 규정하고 비난한 대상은 해당 노동자 개인이 아닌 그가 일하는 축산농장의 관행일 것이다. 그러나 근본적으로 축산업, 아니 그 이전에 육식이 사라지지 않는 한 누군가는 동물학대와 동물에 대한 폭력으로 간주될 일을 하느라 '자기 손을 더럽힐' 것이며 그(그녀)는 분명 사회경제적으로 취약한 위치에 놓였을 가능성이 높다. 여기서 누군가의 '무해함'(무해할 수 있음)은 또 다른 누군가의 '유해함'(유해할 수밖에 없음)과 밀접히 연결되어 있으며, 이 관계는 보통 사회경제적 차이에서 비롯된다. 그런 의미에서 동물의 고통은 종종 인간사회 내 불평등, 위계와 불가분의 관계를 맺는다. 그러나 이를 우회한 채 동물의 고통을 이야기하는 것은 어떤 효과를 낳는가? 더 나아가 동물의 고통을 인종차별·성차별 등의 사회적 불평등 과 연결시키거나 그 안에서 재정의하기 위해 인간 집단 내 불평등을 본질화·탈역사화하는 것은 어떤가?

종차별주의와 PETA 논란

앞에서 언급한 목격자-되기는 동물단체들의 활동이 지닌 다양한 측면 중 하나일 뿐이다. 하나의 사회운동으로서 동물권운동은 개별 동물과 개별 활동가 사이의 신체적·정동적 얽힘을 넘어 '동물 일반'이 처한 상황을 공론화하고 인간-동물 관계가 나아갈 바람직한 방향을 그리는 데 초점을 둔다. 오늘날 활동하는 동물단체들의 종류는 실로 다양하며, 이들의 활동은 직접적인 구조·보호·돌봄·자활 지원에서 연구·교육·캠페인·제도 개혁까지 아우른다. 그중 동물에 대한 인도주의적 배려를 넘어 인간-동물 관계를 보다 급진적으로 사고하고 동물해방을 주장하는 단체들은 종종 종차별주의speciesism라는 개념에 의존한다.

피터 싱어Peter Singer에 따르면 종차별주의는 한 종의 이익을 위해 다른 종의 이익을 희생시키는 행위로 "인간이 동물을 취급하는 방식에 깃든 편견의 유형은 인종차별, 성차별에서의 그것과 동일"하며, 사실상 더 포괄적인 차별의 기제로 정의된다.[3] 그런 점에서 동물은 취약한 집단 중에서도 가장 취약한 존재이며, 동물의 고통을 해소하는 일은 인간사회의 박애정신과 민주적 가치를 보다 확장시키는 것과 같다. 이와 같은 싱어의 관점은 인간의 역사를 동물 희생의 역사로 다시 쓰고, 동물을 인간에 내재한 폭력적 근성의 희생양으로 재규정한다.[4]

1980년 미국에서 창립된 세계적 동물단체People for the Ethical Treatment of Animals, PETA는 종차별이 인종차별, 성차별 등 다른 억압의 형식과 연결된다는 싱어의 시각을 캠페인에 적극 활용하는 것으로 유명하다. PETA는 "동물들에게 모든 인간은 나치"To Animals, All People are Nazis라거나 "당신 접시 위의 홀로코스트"The Holocaust on Your Plate라는 문구로 육식과 홀로코스트의 참상을 비교하고, 육식과 여성의 성적 대상화를 연결시키거나 동물 매매를 노예제에 비유한다.

하지만 종차별주의의 종식을 외치는 PETA의 캠페인들은 종종 복잡한 논란을 야기하거나 비판받아왔다. 가장 직접적인 비판은 전미유색인지위향상협회National Association for the Advancement of Colored People와 같이 유색인을 대변하고 인종주의에 반대하는 집단과 홀로코스트 희생자 단체들에서 제기됐으며, 이들은 한결같이 PETA의 캠페인이 유색인종과 홀로코스트 희생자들을 조롱한다고 말한다. 또한 육식문화와 성차별, 더 나아가 인종주의 사이에 교차점이 있다고 주장하는 비건 페미니스트들도 여성의 몸을 동물의 몸에 부위별로 비유하는 PETA의 캠페인 방식이 오히려 여성혐오적일 뿐만 아니라 동물권 향상에도 하등 도움되지 않는다고 주장한다.[5] 예를들어, 『육식의 성정치』The Sexual Political of Meat의 저자이자 페미니즘-채식주의를 주창한 캐럴 제이 애덤스Carol J. Adams는 PETA가 여성 억압과 동물 억압을 비판하는 대신 여성 신체에

대한 가부장적 시선을 그대로 답습한다고 지적한다.[6]

　하지만 이와 같은 비판에 대해 PETA와 그 지지자들은 종종 자신의 입장을 재표명하는 방식으로 대응해왔다. 예를 들어, 단체의 대표인 잉그리드 뉴커크Ingrid Newkirk는 PETA의 캠페인이 보는 이의 기분을 상하게 했다면 유감이지만 "〔그만큼〕 진실은 마음을 아프게 하는 것"이라고 말한다.[7] 또 어떤 이들은 더 나아가 동물을 유색인종, 홀로코스트 희생자, 여성과 비교하는 것이 기분 나쁘다면 그것이야말로 동물과 인간의 본질적 차이를 강조하는 종차별주의적 인식의 소산이라고 주장한다.

단순화된 교차성 속에서 탈각되는 것들

PETA 논란은 분명 유색인종과 여성을 동물/인간, 자연/문화라는 근대적 이분법에서 동물, 자연에 비유한 서구 인종주의와 가부장제의 역사 속에 자리한다. 19세기 서구의 인종 담론은 다양한 인종 집단을 진화론적 위계라는 프레임 안에서 설명했으며, 여기서 흑인을 침팬지, 오랑우탄, 고릴라와 함께 배치한 당대 인류학자 헤켈의 삽화는 과학의 이름으로 정당화됐다.[8] 또한 '여성은 자연, 남성은 문화'라는 이분법은 서구 가부장제의 역사를 관통하며, 여기서 이른바 여성의 '동물됨'animality이나 '동물에 가까움'이라는 관념은 여성의 사회적 종속을 강화해왔다.[9] 따라서 인종차별, 성차별, 종차별 사이에 일련의 교차점이 존재한다는 동물권주의자와 비건 페미니스트들의 주장은 바로 이런 역사적·정치적·문화적 맥락 속에서 그 의미를 갖는다.

그러나 PETA 논란은 여기서 상상되는 교차성의 근본적 취약함을 드러내기도 한다. 즉, '종차별주의-성차별주의-인종차별주의'라는 넥서스는 인간/동물, 남성/여성, 백인/유색인 등의 본질화된 이분법을 단순히 반복하고 있을 뿐 아니라, 결과적으로 각 집단 내 존재하는 차이, 다양성, 불평등, 위계를 삭제한다. 여기서 균질적인 피억압자 집단으로 각각 상상되는 '여성' 집단 내 계급적·인종적 차이, '유색인' 집단 내 성적·계급적 차이, 더 나아가 '동물' 집단 내 존재하는 차이는 말소되며, 이는 각 집단에 대해 단일하게 상상된 피억압자로서의 정체성 외에는 허락하지 않는 절대적 본질화로 이어진다.°

그러나 여전히 각 집단 내 다양성과 차이를 지적하는 것만으로는 충분하지 않다. 아무리 구조적 폭력의 피해자라 할지라도 그 나름의 행위자로 존재한다는 점이 추가돼야 한다.°° 다시 말해, 가부장제와 인종주의 속에서 여성과 유색인이 열등한 존재로 대상화됐다고 해서 그들이 역사적이고 정치적인 존재라는 점이 부정되어선 안 된다. 따라서 전미유색인지위향상협회나 홀로코스트 희생자 단체들이 PETA의 캠페인이 유색인이나 홀로코스트 희생자들을 조롱한다고 봤다면, 그것은 PETA와 그 지지자들이 주장하듯이 그들이 반드시 동물의 고통에 무관심한 종차별주의자들이어서가 아니라, PETA의 캠페인 속에서 유색인과 홀로코스트 희생자가 탈역사화되고 비주

° 그 결과 인종주의와 가부장제적 불평등, 인간-동물이 얽혀 만들어지는 지배와 착취의 복잡한 작동기제는 단순화된다. 교차성은 인종주의·가부장제·자본주의 등 다양한 지배의 형태들이 서로 상호 연결되어 작동한다는 것을 의미하며, 단순히 '동물=여성=유색인'을 말하는 것과는 거리가 멀다.

°° 그러나 누군가가 행위력을 가진 존재라고 강조하는 것만으로도 충분하지 않다. 이는 행위력을 개인에게 내재한 것으로 전제함으로써 다시 자유주의적 인간주의의 주체성 담론으로 미끄러질 뿐 아니라 바로 그 속에서 행위력의 유무에 따른 주체/객체 이분법을 재생산하기 때문이다. 이를 넘어서기 위해서는 행위와 행위력을 개인에 필연적으로 귀속된 것이 아닌 존재자들의 관계와 얽힘 속에서 우연적으로 등장하는 것으로 재상상하는 일이 요구된다. 자세한 논의는 전의령(2019)을 참조하라.

체화된 대상으로 재등장하기 때문일 것이다.

이는 '섹스 심볼'로 유명한 미국 배우 파멜라 앤더슨Pamela Anderson의 비키니 사진을 전시하면서 여성을 고기에 비유하는 PETA의 캠페인이 여성의 몸에 대한 가부장적 시선을 재생산한다고 주장하는 페미니스트들의 비판과도 상통한다. 여성 몸의 성적 대상화와 육식, 축산업 사이에 형식적 유사성이 존재한다 하더라도 여성이 고기, 젖소로 재전시되는 것은 어떤 상징폭력을 재생산하는가? 이 상황은 억압을 비판하기 위해 억압의 대상을 단순히 물화했을 때 오히려 억압을 재생산하는 역설을 낳고 있지 않은가?°°° PETA의 캠페인 속에서 불평등과 차별의 역사적, 구조적 맥락과 그 속에서 피지배 집단들이 어떤 행위자로 어떤 투쟁을 벌여 왔는지에 대한 논의는 증발돼 있으며, 이들은 단지 언어와 행위력을 박탈당한 '순수한 피해자(대상)' 그 자체로 재현될 뿐이다.

°°° 여성 신체의 성적 대상화와 육식문화, 또는 여성을 결핍된 존재로 규정하는 가부장적 시선과 동물을 바라보는 종차별주의적 시선 사이의 연결성을 강조하는 페미니스트·동물권주의자의 논의에서 억압의 현실을 비판하기 위한 물화가 종종 발견되는 것도 사실이다. 최근 한국에서 급등장한 에코페미니즘·비거니즘·동물권 사이의 실천적·담론적 연합 속에서도 이런 분위기가 부쩍 감지된다. 여기서 우리는 1980년대 미국 페미니즘의 정치 속에서 남성에 의한 여성의 성적 대상화에 집중하는 래디컬 페미니즘의 발화가 어떻게 여성이 "남성 욕망의 산물이라는 점을 제하면 실존하지 않는다는 페미니스트 의식을 생산"하는지에 대한 해러웨이의 비판을 곱씹어볼 필요가 있다.[10] 억압을 우선적으로 강조한다는 명목하에 "역사와 다음성polivocality"[11]을 탈각시키는 페미니스트 비판은 역설적으로 가부장제만큼이나 강력한 반페미니스트적 효과를 낳는다.

클레어 진 킴은 미국의 인종정치 속에서 교차성을 단순화하는 동물단체들의 캠페인이 어떤 한계에 직면해 있는지 이야기한다.[12] 2005년 미국에서 PETA는 "우리는 모두 동물이다"We are all animals라는 제목으로 순회 캠페인을 벌이고 공장식 축산, 동물실험 등에서 희생되는 동물을 노예, 인종주의 린치의 희생양들, 미국 원주민에 비유한다. 흑인민권운동 지도자들과 주류 언론이 이에 대해 인종주의적이라고 비난하자, 단체 대표는 동물과 유색인종을 연결시킨 것은 후자를 폄하하기 위함이 아니라 전자를 격상시키기 위함이며, 여기서 핵심은 두 유형의 억압 속에서 각각의 집단(동물과 유색인)이 "결핍된 존재이자 처분 가능한 존재"로 간주되어온 것(따라서 두 억압 사이의 유사성이 존재함)을 가시화하는 데 있다고 항변한다.[13]

하지만 같은 해 뉴올리언스에서 발생한 허리케인 카트리나 속에서 가난한 흑인 중 다수가 죽게 내버려졌지만 사람들이 남기고 간 개·고양이가 동물단체에 의해 적극적으로 구조되자, 흑인은 미국의 인종-종 위계 속에서 백인과 동물 사이도 아니고 동물보다 아래 존재하는 것 아니냐는 좌절과 분노가 들끓게 된다. 미국의 인종정치가 종종 유색인의 동물화animalization와 비인간화dehumanization에 의존해왔다는 점에서 카트리나가 보여준 현실은 흑인의 역사적 외상을 더욱 악화시킨다. 킴은 "우리는 동물이 아니다"[14] 또는 "우리도 사람이다"와 같은 미국 흑인들의 외침이 여전히 현재진행형인 상황에서

PETA의 "우리는 동물이다"라는 메시지는 차이와 역사를 무화하는 '우리'라는 이름하에 아직도 존재하는 인종 간 불평등을 비가시화하고, 그럼으로써 인종주의는 끝난 지 오래라는 포스트인종적 환상을 강화시킬 뿐이라고 지적한다.[15]

고통의 이미지들 너머

PETA 논란은 동물의 고통을 공론화하는 과정에서 동물이 처한 상황을 다른 종류의 사회적 억압과 단순히 등치시켰을 때 발생하는 문제를 고스란히 드러낸다. 하지만 더 근본적으로 이 문제는 PETA와 같은 동물권단체들이 지배적으로 의존하는 동물권 이론의 한계에서 비롯된다. 페미니스트 지리학자 세라 와트모어Sarah Whatmore는 환경주의자와 동물권주의자들이 '권리를 가진 자율적 자아'로서의 근대 (자유주의적) 주체 개념을 비인간 존재자들에게 확장해왔다고 지적한다.[16] 특히 싱어와 리건에 의해 대표되는 동물권 담론의 "도덕적 확장주의"moral extensionism[17]는 주류 공리주의 철학과 칸트주의 윤리에 기대고 있으며, 그럼으로써 자유주의적 인간주의와 그 속에 내재하는 주체/객체, 자율/타율, 자연/문화 등의 본질화된 이분법을 그대로 수용한다.

자유주의적 동물권 이론의 본질주의[18]는 종차별주의를 성차별주의와 인종차별주의에 연결시키는 싱어의 주장이 페타의 여러 캠페인을 통해 번역될 때 역설적으로 등장하는 다양한 젠더적·인종적 상징폭력을 근본적으로 안고 있다. 즉, 캠페인을 통해 출현하는 종차별주의-성차별주의-인종차별주의라는 넥서스 속에서 여성·흑인·유대인 등이 비주체화·탈역사화된 순수한 피해자 그 자체로 재기입되는 것은 애초에 동물권

이론의 자유주의적 본질주의 속에서 존재자들은 주체(행위자) 또는 객체(대상), 억압자 또는 피억압자, 가해자 또는 피해자로만 규정되기 때문이다. 이 프레임 안에서 억압의 현실을 이야기하려면 억압 대상이 순수한 희생양 그 자체로 존재할 수밖에 없다. 즉, 피억압의 상황에 놓여 있으면서도 행위력을 행사할 가능성, 위해를 가하면서도 취약해질 가능성, 다시 말해 그 누구도 절대적인 의미의 피해자나 가해자가 될 수 없는 현실의 오염됨[19]은 식별하기 어려워진다.

우리는 애초에 종차별주의라는 관념 아래 '동물 앞에서 다 같은 억압자'로 상상되는 '인간' 개념이 현실세계에 존재하는 다양한 형식의 불평등과 취약성을 어떻게 무화하는지 생각해 볼 필요가 있다.° 앞서 언급한 "돼지망치살해사건" 영상은 분명 순수한 인간적 잔인함에 의해 희생되는 동물이라는 구도를 충실히 재현한다. 하지만 동시에 바로 그 구도 속에서 매몰되고 삭제되는 것이 있다. 영상이 '살해'로 규정한 남성의 행위가 그에게 '작업'이자 '노동'이기도 하다는 점 말이다.

남성은 분명 비정규직 노동자일 것이며, 내국인이 꺼려하는 작업 현장을 채우고 있는 이주노동자일지도 모른다. 21세

° 토마스 렘케Thomas Lemke가 지적하듯이 '인간' 개념의 단일화는 인간(중심)주의에 대한 포스트휴머니즘과 신유물론(페미니즘)의 추상화되고 일반화된 비판에서도 발견된다. 렘케는 이 논의에서 종종 서구 중심주의에 대한 비판과 탈식민주의에 대한 인식이 결여돼 있으며, 그 결과 인간 집단 내 권력 불균형과 사회적 불평등에 대한 비가시화가 나타난다고 주장한다.[20]

기 첨단 자본주의 아래서도 축산업은 여전히 세계적으로 가장 열악한 노동현장을 자랑한다. 또한 이 책 5장 '고통은 전염된다'에서도 언급했듯이 축산농장에서는 동물뿐만 아니라 사육한 동물을 끝내 도축해야 하는 노동자들도 신체적·정신적·윤리적 차원의 고통에 노출되어 있다.[21] 하지만 영상의 구도 속에서 남성이 노동자로서 해당 작업을 할 수밖에 없게 된 구조적 불평등은 물론 그 일을 통해 남성 역시 취약해질 가능성 등은 언급하기 힘든 것으로 처리된다. 오히려 화면 속 남성의 행위가 이미 순수한 (인간적) 폭력이자 잔인함을 상징하는 상황에서 그 행위를 노동으로 재규정하는 일은 잔인함을 정당화하는 위험한 행동이 될 뿐이다.

그러나 그럼에도 여전히, 다음과 같은 질문을 제기할 필요가 있다. 즉 자본주의적 불평등과 위계 속에서 체계적으로 부정당하는 축산 노동자의 '인간됨'이 영상에서는 왜 억압-피억압 관계로 본질화된 인간-동물 관계 속 인간적 잔인함과 폭력을 표상하기 위해 복원되는가? 다시 말해 손쉽게 대체 가능한 값싼 인력으로 인간적 존엄성을 일상적으로 박탈당하는 축산 노동자의 인간됨은 왜 동물을 억압하는 바람직하지 않은 인간성을 대표하기 위해서만 인식되는 걸까? PETA가 말하는 "동물들 앞에서 모든 인간은 나치다"라는 메시지를 해당 남성이 온 몸으로 구현한다면, 유독 그가 '나치로서의 인간'을 대변한다는 일은 또 다른 부정의를 생산하는 게 아닐까? 왜 그의 인간됨은 오로지 바로 부정당하는 방식으로만 인식되는가?

　앞서 말한 "우리의 말 못하는 동물들"과 같은 19세기 동물 단체들의 뉴스레터는 보통 마차 말과 같이 '일하는 동물들'에 대한 학대를 다뤘고, 그렇기에 자연스레 고발 대상은 그 동물들을 다루는 노동계급 남성이었다. 동물과 경제적 이해가 공존하는 공간에서 잔인함은 흔했으며, 잔인하다고 정의된 이들은 종종 탐욕스러운 존재로 간주됐다. 따라서 동물복지에 관한 ODA의 염려는 언제나 노동계급 남성이라는 계급적 타자의 '인간적 동물스러움'human animality과 그들의 구제 불가능성 그리고 타락이라는 문제에 집중됐으며, 그 속에서 노동계급은 언제나 계몽과 교화의 대상으로 그려졌다.[022]

　반면, 대부분 엘리트층에 속했던 ODA의 발간인 및 독자 그리고 그들이 동물(보통 반려동물)과 맺는 관계는 그 같은 관심 대상에서 벗어나 있었으며, 바로 그 맥락에서 인도적 관찰자를 표방하는 ODA의 사심 없는 대표성은 그들이 대변하는 (일하는) 동물들로부터의 현실적 거리감, 즉, 사회경제적

[○]　여기서 우리는 동물화와 비인간화가 인종과 젠더적 억압뿐 아니라 계급적 억압 및 불평등을 정당화하는 기제로 종종 작동했음을 상기할 필요가 있다. 예를 들어, 18세기의 보수주의 정치철학자 에드먼드 버크Edmund Burke는 프랑스혁명의 지지자들을 '돼지 같은 대중'이라 부르는 데 주저하지 않았다. 그는 『프랑스혁명에 관한 고찰』에서 "혁명의 혼란 속에서 우리 문명이 지켜온 예의범절과 가치가 위협받을 것이며, 학문은 보호자와 후견인 역할을 해온 귀족과 성직자와 함께 진흙탕에 던져져 돼지 같은 대중swinish multitude의 발굽에 짓밟히게 될 것"이라고 적었다.[23]

필요성으로부터 그들이 갖게 되는 자유가 선사하는 그 거리감에 의해 가능해진 것이었다.

이 상황은 인간 집단 내부에 이미 존재하는 불평등과 위계 속에서 어떤 이들은 동물을 억압하지 않고 그 고통과 연대하기를 선택할 수 있지만 어떤 이들은 그런 선택의 자유가 그만큼 주어지지 않을 수도 있다는 점을 보여준다. 하지만 이 같은 차이는 인간을 동물 앞에서 다 같은 억압자로 규정하는 종차별주의라는 개념 속에서는 포착하기 어렵다. 오히려 이를 무화한 채 동물의 고통에 호소하는 시도 또는 동물의 고통을 이야기하기 위해 다른 억압의 현실을 본질화하는 시도는 예기치 못한 사회적 외상과 부정의를 창출할 위험에 직면한다. "돼지 망치살해사건" 영상이 불러일으키는 감정이 사회적으로 종종 부정당하는 축산 노동자의 인간됨과 인간적 취약성을 두 번 부정할 가능성을 낳는다면, PETA와 같은 동물단체가 동원하는 종차별주의-성차별주의-인종차별주의라는 넥서스는 역설적으로 여성과 유색인에 대한 동물화와 비인간화라는 가부장적·인종주의적 폭력을 재생산한다.

우리는 존재자들 사이의 복잡한 얽힘 속에서 어떤 사회적 정의를 추구해야 하는가? 그 얽힘 속에서 순수한 잔인함과 그렇지 않은 잔인함 그리고 순수한 고통과 그렇지 않은 고통은 판별 가능한가? 주디스 버틀러Judith Butler는 고통의 현실을 전달하는 이미지들이 그 나름의 사회적 의미와 중요성을 갖는 것은 사실이지만, 그렇다고 이미지들을 포착하기만 하면 특정 현실이 전달되리라 믿는 것은 잘못됐다고 말한다.[24] 오히려 현실은 그것을 재현하려는 이미지를 통해서가 아니라 역설적으로 그것이 그 이미지 속에서 "잘 재현되지 않음을 전함으로써 전달된다."[25] 버틀러의 이 말은 이미지들 너머의 실재, 즉 이미지들 안에서 부정될지언정 여전히 계속 새어나오고 있는 어떤 삶과 취약성의 현실을 주시할 필요가 있음을 의미한다.

고통의 이미지를 마주한 우리는 무엇을 보고 또 무엇을 보지 않는가? 우리가 보지 않는 것들은 때로 우리의 의지를 무력화시키고 스스로를 드러내기도 하지 않는가? 우리는 이미지가 전달하고자 하는 현실과 그 너머의 현실 사이에서 어떻게 응답해야 할까?

코로나19, 어떤 위기?

"인간이 숨자 동물이 나타났다."[1] 2020년 초부터 이어진 코로나19 봉쇄 이후 세계 각국에서 야생동물이 출몰한 것을 두고 한 신문기사가 쓴 표현이다. 칠레의 수도 산티아고에 나타난 퓨마, 중국 윈난성의 어느 마을에 내려와 옥수수술을 훔쳐 마시고 잠 들었다는 코끼리들(해당 기사에 따르면 결국 가짜 뉴스인 것으로 밝혀졌다), 태국 롭부리의 거리를 점거한 원숭이 수백 마리의 모습은 모두 이 이야기의 구체적인 삽화가 된다.

인간이 자가격리에 들어가자 야생 깊숙이 숨었던 동물들이 돌아왔다는 스토리텔링은 인간사회가 지구와 그 속에서 살아가는 다른 생명체에게 미치는 '폐해'라는 익숙한 상상력을 자극한다. 이와 같은 상상력은 이제 대중의 상식이 된 각종 환경 담론부터 최근의 인류세 담론에 이르기까지 인간-비인간, 사회(문화)-자연의 관계가 정의되어온 방식에 깊숙이 스며들어 있다. 그리고 이 관계는 근본적으로 억압적이며 착취적이다. 여기서 자연스러운 귀결은 이른바 인간의 탐욕에 의해 끊임없이 희생되고 있는 비인간-자연 또는 비인간-동물에 대한 연민일 것이다.

하지만 2022년이 된 지금 우리가 여전히 마주하고 있는 글로벌 팬데믹은 비인간에 대한 인간의 억압·착취·대상화·타자화와 같은 언어만으로는 충분히 포착하기 힘들다. 대신 이 상황은 인류세 담론이 재부각시켜온 "지구에 인간이 가져온 막대한 폐해"라는 시나리오만큼이나 비인간이 인간에 가하는 평형력에 이목을 집중시킨다.[2] 예를 들어 어떤 인류학자들은 인류세만큼이나 '코로나세'coronacene에 주목할 필요가 있다고 말하면서, 새로운 "감염병이 인간으로 하여금 완전히 통제권을 상실하게 한 것은 아니지만 힘의 균형추를 움직이게 한 것만은 분명"하다고 주장한다.[3] 이 말은 2019년 겨울 중국 우한에서 발생한 이후 각국이 유래 없는 방역체계를 가동시키고 백신을 보급해왔지만 새로운 변이 바이러스가 끊임없이 출현하는 속에서 일상으로의 귀환이 여전히 불확실한 지금의 상황을 잘 포착한다.

즉 지금의 위기는 익숙한 상상력을 넘어 인간-비인간 관계와 그것이 만들어가는 세상이 작동하는 방식을 새롭게 사유하라고 요구한다. 이를 위해 우리는 먼저 이 위기를 2019년 겨울 중국의 우한에서 발생한 신종 바이러스라는 개별화된 사건이나 야생동물을 취하는 외국의 이국적 풍습이 야기한 전 지구적 위기로 정의하는 일부터 그만둬야 할 것이다. 바이러스가 처음 등장한 이후 수많은 변이 바이러스가 출현해 팬데믹을 연장하고 있는 상황에서 우리가 주목해야 할 지점은, 푸코가 이야기했듯이 사건의 '유래'origin보다는 '창발'emergence이기 때문이다.[4]

에벤 커크세이Eben Kirksey는 코로나19를 바이러스라는 '유사 종'과 그것의 숙주가 되는 인간 및 비인간 동물의 면역체계들, 이들이 공생하는 생태 공동체들 그리고 바이러스의 전파를 가속화시키는 사회정치 제도와 인프라의 공동생산 속에서 진화하는 '다종 조합'multispecies assemblage으로 보자고 제안한다.[5] 다시 말해 지금의 위기는 사회생태적인 동시에 정치경제적인 힘들의 얽힘 속에서 창발하며, 그 속에서 다양한 인간 및 비인간 종들은 저마다 행위력을 발휘하는 중이다.

중요한 것은 지금의 팬데믹이 이미 예견된 사건이라는 데 있다. '코로나19'라는 명칭이 지난해 우한에서 시작되어 전 세계로 확대된 글로벌 팬데믹 상황을 가리킨다면, 여기서 문제가 되는 신종 바이러스의 정식 명칭은 '사스-코로나바이러스-2'다. 명칭에서도 알 수 있듯이 이 바이러스는 조류독감에서 사스, 신종플루, 지카바이러스, 에볼라, 메르스, 아프리카돼지열병에 이르기까지 사실상 지난 20여 년간 지속적으로 출현해온 동물유래 바이러스의 (상당히 치명적인!) 신제품일 뿐이다.

진화생물학자 롭 월리스Rob Wallace는 새로운 바이러스가 계속 출현하고 바이러스가 갈수록 치명적이 되어가는 구조적 원인을 공업화된 식품생산과 축산업 그리고 두 산업을 지배하는 다국적 기업의 이윤창출 방식에서 찾는다.[6] 거대 식품기업들에 의한 단일품종의 대량생산은 생물종 다양성을 감소시키고, 그 결과 축산동물의 면역력이 저하되는 상황은 신종 바이러스가 지속적으로 발생할 수밖에 없는 토양을 마련하며, 그렇게 생산된 바이러스들은 전 지구화라는 선로를 따라 세계 각 지역으로 전파된다.

현재 자본과 무관한 병원체는 없다는 월리스의 역설은 코로나19라는 위기가 사실상 자본과 자연의 합작품임을 증거한다. 여기서 '자본'이 다국적 기업의 이윤추구와 이를 촉진하고 지탱하는 전 지구적 사회·정치경제 시스템 등을 가리킨다면, '자연'은 자본주의체제가 완전히 통제하기 힘든 비인간 행위력을 총칭한다. 하지만 코로나19의 이 같은 생태-자본적 중층성을 간과한 채, 이를 철저히 병리학적·감염학적 문제로 환원하는 일이 그것의 사회적·자본주의적 맥락을 감추는 일이라면, 반대로 그것을 철저히 사회적 문제, 즉 자연(비인간)을 착취하는 사회(인간)라는 서사로 환원하는 일은 이 위기의 '다종조합'적 측면을 삭제하게 한다.

결론적으로 억압자 인간(사회)과 희생양 비인간(자연)이라는 상상력은 낡았을 뿐만 아니라 문제 자체를 반복한다. 코로나19라는 현실 속에서 이 상상력은 '억압자 인간'을 특정 집단(중국인, 동양인, 아시아인 등)의 모습으로 인종화해왔으며, 그것이 추동하는 분리의 상상력은 존재들의 얽힘과 그 속에서 필연적으로 등장할 수밖에 없는 취약성을 무화해왔다. 코로나 봉쇄 이후 세계 각지에서 표출된 동아시아계 사람들에 대한 인종적 혐오와 야생동물보호 메시지를 수산시장의 중국인 노동자의 사진과 함께 배치하는 HSI의 캠페인 사이에는 얼마만큼의 거리가 존재하는가? 억압자 인간과 희생양 동물이라는 상상력은 동물에 대한 연민과 특정 집단에 대한 인종적 혐오를 부추기고, 늘 그렇듯 인종적 혐오는 우리로 하여금 자본의 작동방식을 망각하게 한다.

우리에게 지금 필요한 것은 낡은 상상력을 넘어 코로나19의 생태-자본적 중층성을 제대로 직시하는 일이다. 2022년 현재 부국을 중심으로 백신이 보급돼왔지만 여전히 백신의 사각지대에 머물러 있는 빈국들에서 새로운 변이 바이러스가 지속적으로 출현해 팬데믹이 연장되고 있다. 이러한 상황에서 우리의 시선은 다국적 제약회사들의 투기적 이윤추구가 지속시키는 창조적 파괴의 현실로 이동해야 하지 않을까? 그 현실 속에서 변이 바이러스라는 인간-비인간 다종조합은 공동의 것을 끊임없이 요구하면서 인류가 아닌 자본을 위기에 몰아넣고 있는 것은 아닐까?

왜 '동물 너머'인가?

1   에두아르도 콘 지음, 차은정 옮김. 『숲은 생각한다』, 사월의책, 2018, 237
     쪽.

2   Thomas Lemke, "Mater and Matter: A Preliminary Cartography of Material
     Feminisms", *Soft Power*, Volumen 5, número 1, enero-junio, 2017, pp.
     96~97.

ㅣ 얽힘

1. 반려동물과 아이

1   이기문, 「3兆시장 잡아라 애옷 대신 개옷 팝니다」, 『조선비즈』, 2018년 1월
     10일.

2   Dafna Shir-Vertesh, "'Flexible Personhood': Loving Animals as Family
     Members." *American Anthropologist*, Vol. 114, No. 3, 2012, pp. 420~432.

3   Yi Fu Tuan, *Dominance and Affection: The Making of Pets*. New Haven &
     London: Yale University Press, 1984. pp. 1~2.

4   Kaoru Fukuda, "Different Views of Animals and Cruelty to Animals: Cases in
     Fox-Hunting and Pet-Keeping in Britain." *Anthropology Today*, Vol. 13, No.
     5, 1997, pp. 2~6.

5   Radhika Govindrajan, "The goat that died for family: Animal Sacrifices and
     Interspecies Kinship in India's Central Himalays." *American Ethnologist*,
     Vol. 42, No. 3, 2015, pp. 504~519.

6   Govindrajan, 2015, p. 508.

2. 자본, 미디어 그리고 반려인의 마음

1 에바 일루즈 지음, 김정아 옮김. 『감정 자본주의: 자본은 감정을 어떻게 활용하는가』, 돌베개, 2010.

2 위의 책, 174쪽.

3 위의 책, 204쪽.

4 R Gill, "Mediated intimacy and postfeminism: a discourse analytic examination of sex and relationships advice in a woman's magazine." *Discourse and Communication*, Vol. 3, Issue 4, 2010, pp. 345~369.

5 신주리. 「'아낌없이 다 해 줄게'… 반려동물 산업 성장」, KBS뉴스, 2020년 11월 4일.

6 예를 들어 반려동물 의료산업의 고급화에 관한 인류학적 논의로 안섭민, 「개-엄마들의 사회적 세계: 고급동물종합병원에 대한 민족지적 연구」, 서울대학교 대학원 인류학과 석사논문, 2016을 참조하라.

7 도나 해러웨이 지음, 황희선 옮김. 『해러웨이 선언문: 인간과 동물과 사이보그에 관한 전복적 사유』, 책세상, 2019, 129쪽.

8 제이슨 W. 무어 지음, 김효진 옮김, 『생명의 그물 속 자본주의』, 갈무리, 2020.

3. 인간과 동물이라는 이분법

1 브뤼노 라투르 지음, 홍철기 옮김. 『우리는 결코 근대인인적이 없다』. 갈무리, 2009.

2 Donna J Haraway, *When Species Meet*, University of Minnesota Press, 2007.

3 Vinciane Despret, "The Body We Care for: Figures of Anthropo-zoo-genesis." *Body & Society*, Vol. 10(2-3), 2004, pp. 111~134.

4 하대청, 「동물윤리와 과학적 창의성 사이의 정합적 관계: 동물행동학을 중심으로」, 『생명윤리정책연구』 제3권 제3호, 2009, 265~287쪽.

5 Despret, 2004, p. 111.

6 Jonathan Z Smith, "I Am a Parrot (Red)." *History of Religions*, Vol. 11, No. 4, 1972, pp. 391~413.

7 에두아르도 콘 지음, 차은정 옮김, 『숲은 생각한다』, 사월의책, 2018.

8 위의 책, 164쪽.

9 위의 책, 165~166쪽.

4. 재건축 현장의 길고양이들

1 둔촌냥이 페이스북 페이지 https://www.facebook.com/dunchoncat/

2 이재국, 「신촌골 다람쥐를 살리자」, 『경향신문』, 1992년 11월 30일.

3 최우리, 「지하실에 숨을 자유, 그것도 민주주의」, 『한겨레』, 2013년 12월 13일.

4 전의령, 「'길냥이를 부탁해': 포스트휴먼 공동체의 생정치」, 『한국문화인류학』 50-3, 2017, 3~40쪽.

5 Krithika Srinivasan, "The Biopolitics of Animal Being and Welfare: Dog Control and Care in the UK and India", *Transactions of the Institute of British Geographers* Vol. 38, No. 1, 2012, pp. 106~119.

6 발레리 줄레조 지음, 길혜연 옮김, 『아파트 공화국-프랑스 지리학자가 본 한국의 아파트』, 후마니타스, 2007, 251쪽.

7 데이비드 하비 지음, 한상연 옮김, 『반란의 도시』, 에이도스, 2014.

8 위의 책, 46쪽.

9 Anna L. Tsing, *The Mushroom at the End of the World*, Princeton University Press, 2016, p. 133.

5. 고통은 전염된다

1 할 헤르조그 지음, 김선영 옮김. 『우리가 먹고 사랑하고 혐오하는 동물들』, 살림, 2011, 326쪽.

2 린 헌트 지음, 전진성 옮김, 『인권의 발명』, 돌베개, 2009.

3 전의령, 「연민과 '고통-나눔': 동물복지 담론과 다종적 취약성에 관하여」, 『한국문화인류학』, 2019, 3~43쪽.

4 마고 드멜로 지음, 천명선·조중헌 옮김. 『동물은 인간에게 무엇인가: 인간과 동물의 관계를 통찰하는 인간동물학 집대성』, 공존, 2018, 184쪽.

5 M. Cole, "From 'Animal Machines' to 'Happy Meat'?" *Animals* 2011, 1, pp. 83~101.

6 Jocelyne Porcher, "The Relationship Between Workers and Animals in the Pork Industry: A Shared Suffering." *Journal of Agricultural & Environmental Ethics* Vol. 24, No. 1, 2011, pp. 3~17.

7 Ibid., p. 5.

8 김예린. 「대만 동물보호소 수의사, 동물 안락사용 주사로 자살」, 『매일경

제』, 2016년 5월 27일.

9   Talal Asad, *Formations of the Secular: Christianity, Islam, Modernity*, Stanford University Press, 2003.

10   Talal Asad, "Agency and Pain: An Exploration", *Culture and Religion: An Interdisciplinary Journal* Vol. 1 No. 1, 2000, pp. 29~60.

2 고통과 타자

6. 아시아에서 구조된 개들

1   Humane Society International 페이스북 페이지 https://www.facebook.com/hsiglobal

2   Humane Society International. 2018년 8월 29일자. https://www.facebook.com/hsiglobal/posts/10156811702632262.

3   Eleana Kim, *Adopted Territory*, Duke University Press, 2009.

4   Janet M. Davis, "Cockfight Nationalism: Blood Sport and the Moral Politics of American Empire and Nation Building." *American Quarterly*, Vol. 65, No. 3, Special Issue: Species/Race/Sex (September 2013), 2013, pp. 549~574.

5   Ibid., p. 555 중 역사학자 Ian Tyrell의 표현

6   Juno Salazar Parreñas, "The Materiality of Intimacy in Wildlife Rehabilitation." *Positions: East Asia Culture Critique*, Vol. 24, No. 1, 2016, pp. 97~127.

7   Rheana "Juno" Salazar Parreñas, "Producing Affect: Transnational volunteerism in a Malaysian orangutan rehabilitation center." *American Ethnologist*, Vol. 39, No. 4, 2012, pp. 673~687.

8   Parreñas, 2016, p. 108.

9   『애니멀즈 아시아』, 2017년 1월 11일.

10   Katheleen Kete, "Beastly Agendas: An Interview with Kathleen Kete", *Cabinet Issue* 4 Animals Fall 2001. http://www.cabinetmagazine.org/issues/4/KathleenKete.php.

11   Claire Jean Kim, *Dangerous Crossings: Race, Species, and Nature in a Multicultural Age*, Cambridge University Press, 2015.

7. 동물싸움의 현재적 불만

1   허은주, 「21세기의 야만, 소싸움대회를 멈춰라!」, 『허핑턴포스트』, 2018년 10월 29일.

2   Clifford Geertz, "Deep play: Notes on the Balinese cockfight." *Daedalus* Vol. 134, No. 4, 2005(1972), pp. 56~86.

3   Ibid., p. 71.

4   Ibid., p. 74.

5   R, D Evans, Gauthier and C. Forsyth, "Dogfighting: Symbolic Expression and Validation of Masculinity." *Sex Roles*, Vol. 39 (11/12), 1998, pp. 825~838.

6   Hoon Song, *Pigeon Trouble: Bestiary Biopolitics in a Deindustrialized America*. University of Pennsylvania Press, 2010.

7   Robert N Watson, "Protestant Animals: Puritan Sects and English Animal-Protection Sentiment, 1550~1650." *ELH* 81, 2014, pp. 1111~1148.

8   Watson, 2014, p. 1116.

9   Kete, 2001.

10 Ibid.

11 Janet M Davis, "Cockfight Nationalism: Blood Sport and the Moral Politics of American Empire and Nation Building." *American Quarterly*, Vol. 65, No. 3, Special Issue: Species/Race/Sex (September 2013), pp. 549~574.

12 피터 콜로지 지음, 이재욱 옮김, 『자본주의에 맞서는 보수주의자들』, 회화나무, 2020.

13 위의 책.

14 에릭 홉스봄 외 지음, 박지향·장문석 옮김. 『만들어진 전통』. 휴머니스트, 2004.

8. 개고기 문화를 존중한다는 말

1   심재우, 「평창올림픽 참가 미국 스키 선수가 강아지 입양해 가는 이유」, 『중앙일보』, 2018년 2월 26일.

2   로버트 단턴 지음, 조한욱 옮김, 『고양이 대학살』, 문학과지성사, 1996, 147쪽.

3   위의 책, 117쪽.

4 Boria Sax, "The Holocaust and Blood Sacrifice." *Anthrozoös* 13-1, 2000, pp. 22~33.

5 한나 아렌트 지음, 이진우·박미애 옮김, 『전체주의의 기원2』, 한길사, 2006.

6 마고 드멜로 지음, 천명선·조중헌 옮김. 『동물은 인간에게 무엇인가』, 공존, 2018.

7 아르준 아파두라이 지음, 채호석·차원현·배개화 옮김. 『고삐 풀린 현대성』, 현실문화, 2004, 27쪽.

8 Lila Abu-Lughod, "Do Muslim Women Really Need Saving? Anthropological Reflections on Cultural Relativism and Its Others." *American Anthropologist*, Vol. 104, No. 3, 2002, pp. 783~790.

9 Verena Stolcke, "Talking Culture: New Boundaries, New Rhetorics of Exclusion in Europe." *Current Anthropology*, Vol. 36, No. 1, 1995, pp. 1~24.

10 Étienne Balibar, "Is There a 'Neo-Racism'?" in *Race, Nation, Class: Ambiguous Identities*, edited by Etienne Balibar and Immanuel Wallerstein, Verso, 1991.

11 Jake Kosek, *Understories: The Political Life of Forests in Northern New Mexico*, Duke University Press, 2006.

12 Gayatri Spivak, "Can the Subaltern Speak? Speculations on Widow Sacrifice," *Wedge* 7-8 (Winter-Spring 1985), 1985, pp. 120~130.

13 Parreñas, 2016, p. 108.

14 Lila Abu-lughod, 2002.

9. 퓨마의 죽음에 쏟아진 애도

1 박경흠·이윤형, 「죽어서야 자유 얻은 '퓨마의 비극' … 동물원법 개정 목소리」, 『스브스뉴스』, 2018년 9월 21일.

2 마르셀 에나프 지음, 김혁 옮김. 『진리의 가격: 증여와 계약의 계보학, 진리와 돈의 인류학』, 눌민, 2018, 249쪽.

3 위의 책, 264쪽.

4 위의 책, 264쪽.

5 카우시크 순데르 라잔 지음, 안수진 옮김, 『생명자본: 게놈 이후 생명의 구성』, 그린비, 2012.

6 Asad, 2003.

7 전의령, 2019.

8 폴 로빈스·존 힌츠·세라 무어 지음, 권상철·박경환 옮김, 『환경퍼즐』. 한울, 2014, 189쪽.

9 Kosek, 2006, p. 156.

10 Paolo Bocci, "Tangles of Care: Killing Goats to Save Tortoises on the Galápagos Islands." *Cultural Anthropology*, Vol. 32, Issue 3, 2014, pp. 424~449 중 p. 435.

11 Kosek, 2006.

12 Ibid.

13 Ibid., p. 157.

14 Liana Chua, "(E)valuations of More-Than-Human Care." *Theorizing the Contemporary, Fieldsights*, January 26. https://culanth.org/fieldsights/evaluations-of-more-than-human-care, 2021.

15 Ibid.

16 Ibid.

17 Miriam Ticktin, "A world without innocence." *American Ethnologist*, Vol. 44, No. 4, 2017, pp. 577~590.

18 Sianne Ngai, *Our Aesthetic Categories: Zany, Cute, Interesting*, Harvard University Press, 2012.

19 Ticktin, p. 584.

20 국제적 동물단체들의 캠페인 방식에 대한 논의로는 전의령(2019)을 참조하라.

21 Tiktin, 2017, p. 585.

22 Ibid.

10. 고통의 이미지 속 타자

1 Hoon Song, *Pigeon Trouble: Bestiary Biopolitics in a Deindustrialized America* University of Pennsylvania Press, 2010, pp. 56~63.

2 Naisargi N Dave, " Witness: Humans, Animals, and the Politics of Becoming", *Cultural Anthropology* Vol. 29, No. 3. 2014. pp. 433~456.

3 Song, 2010, p. 54.

4 Ibid, p. 54.

5 Julie Bindel, "Let's make Peta history." *Guardian*, 2010. 10. 28.https://www.theguardian.com/commentisfree/2010/oct/28/peta-women-meat

6   Erika Alonso, "Ace Interviews: Carol J. Adams." Animal Charity Evaluators, 2015. 8. 19. https://animalcharityevaluators.org/blog/ace-interviews-carol-j-adams/

7   Cathryn Bailey, "We Are What We Eat: Feminist Vegetarianism and the Reproduction of Racial Identity." *Hypatia*, Vol. 22, No.2, 2007, pp. 39~59 중 p. 41.

8   베르트랑 조르당 지음, 조민영 옮김. 『0.1퍼센트의 차이』, 알마, 2011, 31쪽.

9   셰리 오트너. 2008. "여성은 자연, 남성은 문화?" 미셸 짐발리스트 로잘도, 루이스 램피어 편, 권숙인, 김현미 옮김. 『여성·문화·사회』. 한길사, 2008, 129~157쪽.

10 해러웨이, 2019, 40쪽.

11 해러웨이, 2019, 41쪽.

12 Kim, 2015.

13 Ibid., p. 283.

14 Ibid., p. 284.

15 Ibid., p. 285.

16 Sarah Whatmore, "Dissecting the autonomous self: hybrid cartographies for a relational ethics." *Environment and Planning D: Society and Space*, Vol. 15, 1997, pp. 37~53. 비슷한 문제의식으로 Cary Wolfe, "Human, All Too Human: 'Animal Studies' and the Humanities." PMLA, Vol. 124, Issue 2, 2009, pp. 564~575 참조.

17 Ibid., p. 44,

18 Jamie Lorimer, "Nonhuman Charisma.", *Environment and Planning D: Society and Space*, Vol. 25, 2007, pp. 911~932 중 p. 914.

19 Ticktin, 2017, p. 588.

20 Thomas Lemke, "Mater and Matter: A Preliminary Cartography of Material Feminisms", *Soft Power*, Volumen 5, número 1, enero-junio, 2017, pp. 96~97.

21 Porcher, 2011. 국내에서 구제역과 AI와 함께 등장한 '살처분 산업의 외주화'와 그 속에서 일하는 노동자들의 트라우마에 관한 글로 다음 기사를 참조하라. 황춘화. 「살처분 노동자 '피 튀기고 산 채로 기계에 갈리는 닭의 비명 끔찍'」, 『한겨레』, 2019년 2월 13일.

22 Song, 2010, pp. 59~63.

23 염운옥 지음, 『낙인찍힌 몸』, 돌베개, 2019, 241쪽.

24 주디스 버틀러 지음, 윤조원 옮김, 『위태로운 삶』. 필로소픽, 2018.

25 주디스 버틀러, 2018, 209쪽.

코로나19, 어떤 위기?

1   조일준, 「인간이 숨자 동물이 나타났다…'코로나봉쇄'에 야생동물들 도시
    로」, 『한겨레』, 2020년 3월 25일.
2   Higgins, Rylan, Emily Martin & Maria D. Vesperi, "An Anthropology of the
    COVID-19 Pandemic", *Anthropology Now*, Vol. 12, No. 1, 2020, pp. 2~6.
3   Ibid.
4   Eben Kirksey. "The Emergence of COVID-19: A Multispecies Story",
    Anthropology Now, Vol. 12, No.1, 2020, pp. 11~16 중 p. 12.
5   Ibid.
6   마이크 데이비스·알렉스 캘리니코스·마이클 로버츠 지음, 우석균·장호종
    옮김, 『코로나19: 자본주의의 모순이 낳은 재난』, 책갈피, 2020, 42쪽.

• **국내 자료**

김예린, 「대만 동물보호소 수의사, 동물 안락사용 주사로 자살」, 『매일경제』, 2016년 5월 27일.

데이비드 하비 지음, 한상연 옮김, 『반란의 도시』, 에이도스, 2014.

도나 해러웨이 지음, 황희선 옮김. 『해러웨이 선언문』, 책세상, 2019.

로버트 단턴 지음, 조한욱 옮김, 『고양이 대학살』, 문학과지성사, 1996.

린 헌트 지음, 전진성 옮김, 『인권의 발명』, 돌베개, 2009.

마고 드멜로 지음, 천명선·조중헌 옮김, 『동물은 인간에게 무엇인가』, 공존, 2018.

마르셀 에나프 지음, 김혁 옮김. 『진리의 가격』, 눌민, 2018.

마이크 데이비스·알렉스 캘리니코스·마이클 로버츠 지음, 우석균·장호종 옮김, 『코로나19』, 책갈피, 2020.

박경흠·이윤형, 「죽어서야 자유 얻은 '퓨마의 비극' ⋯ 동물원법 개정 목소리」, 『스브스뉴스』, 2018년 9월 21일.

발레리 줄레조 지음, 길혜연 옮김, 『아파트 공화국-프랑스 지리학자가 본 한국의 아파트』, 후마니타스, 2007.

베르트랑 조르당 지음, 조민영 옮김. 『0.1퍼센트의 차이』, 알마, 2011.

브뤼노 라투르 지음, 홍철기 옮김. 『우리는 결코 근대인적이 없다』. 갈무리, 2009.

셰리 오트너, 「여성은 자연, 남성은 문화?」, 미셸 짐발리스트 로잘도·루이스 램피어 편, 권숙인·김현미 옮김, 『여성·문화·사회』. 한길사, 2008, 129-157.

신주리, 「'아낌없이 다 해 줄게' ⋯ 반려동물 산업 성장」, KBS뉴스, 2020년 11월 4일.

심재우, 「평창올림픽 참가 미국 스키 선수가 강아지 입양해 가는 이유」, 『중앙일보』, 2018년 2월 26일.

안섭민, 「개-엄마들의 사회적 세계: 고급동물종합병원에 대한 민족지적 연구」, 서울

대학교 대학원 인류학과 석사논문, 2016.

아르준 아파두라이 지음, 채호석·차원현·배개화 옮김, 『고삐 풀린 현대성』, 현실문화, 2004.

에두아르도 콘 지음, 차은정 옮김, 『숲은 생각한다』, 사월의책, 2018.

에릭 홉스봄 외 지음, 박지향·장문석 옮김, 『만들어진 전통』, 휴머니스트, 2004.

에바 일루즈 지음, 김정아 옮김. 『감정 자본주의』, 돌베개, 2010.

염운옥 지음, 『낙인찍힌 몸』, 돌베개, 2019.

이기문, 「3兆시장 잡아라 애옷 대신 개옷 팝니다」, 『조선비즈』, 2018년 1월 10일.

이재국, 「신촌골 다람쥐를 살리자」, 『경향신문』, 1992년 11월 30일.

전의령, 「'길냥이를 부탁해': 포스트휴먼 공동체의 생정치」, 『한국문화인류학』 50-3, 2017.

전의령, 「연민과 '고통-나눔': 동물복지 담론과 다종적 취약성에 관하여」, 『한국문화인류학』, 2019.

제이슨 W. 무어 지음, 김효진 옮김, 『생명의 그물 속 자본주의』, 갈무리, 2020.

조일준, 「인간이 숨자 동물이 나타났다...'코로나봉쇄'에 야생동물들 도시로」, 『한겨레』, 2020년 3월 25일.

주디스 버틀러 지음, 윤조원 옮김, 『위태로운 삶』. 필로소픽, 2018.

카우시크 순데르 라잔 지음, 안수진 옮김, 『생명자본』, 그린비, 2012.

폴 로빈스·존 힌츠·세라 무어 지음, 권상철·박경환 옮김, 『환경퍼즐』. 한울, 2014.

피터 콜로지 지음, 이재욱 옮김, 『자본주의에 맞서는 보수주의자들』, 회화나무, 2020.

하대청, 「동물윤리와 과학적 창의성 사이의 정합적 관계: 동물행동학을 중심으로」, 『생명윤리정책연구』 제3권 제3호, 2009.

최우리, 「지하실에 숨는 자유, 그것도 민주주의」, 『한겨레』, 2013년 12월 13일.

한나 아렌트 지음, 이진우·박미애 옮김, 『전체주의의 기원2』, 한길사, 2006.

할 헤르조그 지음, 김선영 옮김. 『우리가 먹고 사랑하고 혐오하는 동물들』, 살림, 2011.

허은주, 「21세기의 야만, 소싸움대회를 멈춰라!」, 『허핑턴포스트』, 2018년 10월 29일.

황춘화. 「살처분 노동자 '피 튀기고 산 채로 기계에 갈리는 닭의 비명 끔찍'」, 『한겨레』, 2019년 2월 13일.

• 국외 자료

Anna L. Tsing, *The Mushroom at the End of the World*, Princeton University Press, 2016.

Boria Sax, "The Holocaust and Blood Sacrifice." *Anthrozoös* 13-1, 2000.

Cary Wolfe, "Human, All Too Human: 'Animal Studies' and the Humanities." PMLA, Vol. 124, *Issue* 2, 2009, pp. 564~575.

Cathryn Bailey, "We Are What We Eat: Feminist Vegetarianism and the Reproduction of Racial Identity." *Hypatia*, Vol. 22, No.2, 2007, pp. 39~59.

Claire Jean Kim, *Dangerous Crossings: Race, Species, and Nature in a Multicultural Age*, Cambridge University Press, 2015.

Clifford Geertz, "Deep play: Notes on the Balinese cockfight." *Daedalus* Vol. 134, No. 4, 2005(1972), pp. 56~86.

Dafna Shir-Vertesh, "'Flexible Personhood': Loving Animals as Family Members." *American Anthropologist*, Vol. 114, No. 3, 2012, pp. 420~432.

Donna J Haraway, *When Species Meet*, University of Minnesota Press, 2007.

Eben Kirksey. "The Emergence of COVID-19: A Multispecies Story", *Anthropology Now*, Vol. 12, No.1, 2020, pp. 11~16

Eleana Kim, *Adopted Territory*, Duke University Press, 2009.

Erika Alonso, "Ace Interviews: Carol J. Adams." *Animal Charity Evaluators*, 2015. 8. 19. https://animalcharityevaluators.org/blog/ace-interviews-carolj-adams/

Étienne Balibar, "Is There a 'Neo-Racism'?" in *Race, Nation, Class: Ambiguous Identities, edited by Etienne Balibar and Immanuel Wallerstein*, Verso, 1991.

Gayatri Spivak," Can the Subaltern Speak? Speculations on Widow Sacrifice," *Wedge* 7-8 (Winter-Spring 1985), 1985, pp. 120~130.

Higgins, Rylan, Emily Martin & Maria D. Vesperi, "An Anthropology of the COVID-19 Pandemic", *Anthropology Now*, Vol. 12, No. 1, 2020, pp. 2~6.

Hoon Song, *Pigeon Trouble: Bestiary Biopolitics in a Deindustrialized*

America, University of Pennsylvania Press, 2010, pp. 56~63.

Jake Kosek, *Understories: The Political Life of Forests in Northern New Mexico*, Duke University Press, 2006.

Jamie Lorimer, "Nonhuman Charisma.", *Environment and Planning D: Society and Space*, Vol. 25, 2007, pp. 911~932.

Janet M Davis, "Cockfight Nationalism: Blood Sport and the Moral Politics of American Empire and Nation Building." *American Quarterly*, Vol. 65, No. Special Issue: Species/Race/Sex (September 2013), pp. 549~574.

Janet M. Davis, "Cockfight Nationalism: Blood Sport and the Moral Politics of American Empire and Nation Building." *American Quarterly*, Vol. 65, No. 3, Special Issue: Species/Race/Sex (September 2013), 2013, pp. 549~574.

Jocelyne Porcher, "The Relationship Between Workers and Animals in the Pork Industry: A Shared Suffering." *Journal of Agricultural & Environmental Ethics* Vol. 24, No. 1, 2011, pp. 3~17.

Jonathan Z Smith, "I Am a Parrot (Red)." *History of Religions*, Vol. 11, No. 4, 1972, pp. 391~413.

Julie Bindel, "Let's make Peta history." *Guardian*, 2010. 10. 28.https://www.theguardian.com/commentisfree/2010/oct/28/peta-women-meat

Juno Salazar Parreñas, "The Materiality of Intimacy in Wildlife Rehabilitation." *Positions: East Asia Culture Critique*, Vol. 24, No. 1, 2016, pp. 97~127.

Kaoru Fukuda, "Different Views of Animals and Cruelty to Animals: Cases in Fox-Hunting and Pet-Keeping in Britain." *Anthropology Today*, Vol. 13, No.5, 1997.

Katheleen Kete, "Beastly Agendas: An Interview with Kathleen Kete", *Cabinet Issue* 4 Animals Fall 2001. http://www.cabinetmagazine.org/issues/4/KathleenKete.php.

Krithika Srinivasan, "The Biopolitics of Animal Being and Welfare: Dog Control and Care in the UK and India", *Transactions of the Institute of British Geographers* Vol. 38, No. 1, 2012, pp. 106~119.

Liana Chua, "(E)valuations of More-Than-Human Care." Theorizing the Contemporary, *Fieldsights*, January 26. https://culanth.org/fieldsights/evaluations-of-more-than-human-care, 2021.

Lila Abu-Lughod, "Do Muslim Women Really Need Saving? Anthropological Reflections on Cultural Relativism and Its Others." *American Anthropologist*, Vol. 104, No. 3, 2002, pp. 783~790.

M. Cole, "From 'Animal Machines' to 'Happy Meat'?" *Animals* 2011, 1, pp. 83~101.

Miriam Ticktin, "A world without innocence." *American Ethnologist*, Vol. 44, No. 4, 2017, pp. 577~590.

Naisargi N Dave, " Witness: Humans, Animals, and the Politics of Becoming", *Cultural Anthropology* Vol. 29, No. 3. 2014, pp. 433~456.

Paolo Bocci, "Tangles of Care: Killing Goats to Save Tortoises on the Galápagos Islands." *Cultural Anthropology* Vol. 32, Issue 3, 2014, pp. 424~449.

R Gill, "Mediated intimacy and postfeminism: a discourse analytic examination of sex and relationships advice in a woman's magazine." *Discourse and Communication* Vol. 3, Issue 4, 2010, pp. 345~369.

R, D Evans, Gauthier and C. Forsyth, "Dogfighting: Symbolic Expression and Validation of Masculinity." *Sex Roles* Vol. 39 (11/12), 1998, pp. 825~838.

Radhika Govindrajan, "The goat that died for family: Animal Sacrifices and Interspecies Kinship in India's Central Himalays." *American Ethnologist* Vol. 42, No. 3, 2015, pp. 504~519.

Rheana "Juno" Salazar Parreñas, "Producing Affect: Transnational volunteerism in a Malaysian orangutan rehabilitation center." *American Ethnologist* Vol. 39, No. 4, 2012, pp. 673~687.

Robert N Watson, "Protestant Animals: Puritan Sects and English Animal-Protection Sentiment, 1550~1650." *ELH* 81, 2014, pp. 1111~1148.

Sarah Whatmore, "Dissecting the autonomous self: hybrid cartographies for a relational ethics." *Environment and Planning D: Society and Space* Vol.

1997, pp. 37~53.

Sianne Ngai, *Our Aesthetic Categories: Zany, Cute, Interesting*, Harvard University Press, 2012.

Talal Asad, "Agency and Pain: An Exploration", *Culture and Religion: An Interdisciplinary Journal* Vol. 1 No. 1, 2000, pp. 29~60.

Talal Asad, *Formations of the Secular: Christianity, Islam, Modernity*, Stanford University Press, 2003.

Thomas Lemke, "Mater and Matter: A Preliminary Cartography of Material Feminisms", *Soft Power* Volumen 5, número 1, enero-junio, 2017.

Verena Stolcke, "Talking Culture: New Boundaries, New Rhetorics of Exclusion in Europe." *Current Anthropology* Vol. 36, No. 1, 1995, pp. 1~24.

Vinciane Despret, "The Body We Care for: Figures of Anthropo-zoogenesis." *Body & Society* Vol. 10(2-3), 2004, pp. 111~134.

Yi Fu Tuan, *Dominance and Affection: The Making of Pets*, New Haven & London: Yale University Press, 1984.

• 사이트

둔촌냥이 페이스북 페이지 https://www.facebook.com/dunchoncat/
Animals Asia 페이스북 페이지 https://www.facebook.com/AnimalsAsia/
Humane Society International 페이스북 페이지 https://www.facebook.com/hsiglobal

찾아보기

.